Labor Contracts and
Labor Remuneration of
Migrant Workers

劳动合同对农民工
劳动报酬影响的经验研究

张 娟·著

上海社会科学院出版社
SHANGHAI ACADEMY OF SOCIAL SCIENCES PRESS

本书获上海市哲学社会科学规划青年项目"'全面二孩'政策背景下生育行为对城镇女性就业的影响机制研究"资助出版

前 言

20世纪80年代以来,欧洲国家普遍面临着劳动力市场僵化的问题,表现为严格的就业保护制度和持续较高的失业率。随之,欧洲各国依据本国自身情况对就业保护制度进行改革,最具代表性的是放松了固定期限劳动合同和临时劳动合同就业形式的限制,以求降低失业率水平。随着固定期限劳动合同和临时劳动合同在整体就业中所占比重的不断增加,签订不同劳动合同劳动者之间的工资差异问题引起经济学者们的关注和讨论。

在中国,2007年颁布《劳动合同法》,明确要求用工单位应该与劳动者签订书面劳动合同,劳动合同中应包括劳动者的合同期限、劳动报酬、工作内容以及违反劳动合同的违约责任等。2008年1月1日,《劳动合同法》正式实施,为劳动合同双方当事人提供了法律保障。随后,学术界围绕着《劳动合同法》的积极影响和消极影响展开了激烈的讨论。

《2016年农民工监测调查报告》指出,2016年中国农民工总量达到2.82亿人,其中外出农民工达到了1.36亿人,农民工已成为城镇劳动力市场的重要组成部分。然而,农民工因其自身的人力资本水平较差,加之户籍歧视的影响,其获取的工资水平较低,社会保障的享有率较差,属于城市劳动力市场中的弱势群体。《劳动合同法》的实施恰好为农民工这个弱势群体提供了相应的就业保护,为农民工合法权益的保障提供了法律依据。那么,《劳动合同法》在保障农民工合法权益、提高其就业稳定性的同时,是否能够提高其工资水平?能否改善其社会保障的享有率,进而促进其劳动报酬水平的增长？而且，不同期限类型的劳动合同对农民工的劳动报酬分别具有多大的影响？对于以上问题的研究，一方面有助于加深我们对城镇劳动力市场中农民工劳动报酬获得机制的认识和理解；另一方面能够为政府有关部门决策提供科学依据。

《劳动合同法》实施后，由于微观数据的匮乏，学术界关于劳动合同对劳动者收入影响的理论及实证研究较少。近年来，由于微观数据的丰富以及对农民工就业稳定性和收入水平问题的重视，劳动合同对农民工劳动报酬的影响问题逐渐进入劳动经济学学者的视野。与西方发达国家相比，中国城镇劳动力市场发育可能还不成熟，劳动力市场制度不够完善，劳动合同对农民工劳动报酬的影响机制可能存在较大差异。因此，在中国城镇劳动力市场特征及劳动力市场发育的基础上，使用微观经济计量方法，系统地研究劳动合同对农民工劳动报酬的影响十分必要。

本书依据中国城镇劳动力市场的微观调查数据，应用微观经济计量方法对劳动合同的收入效应进行以下分析：分析签订和未签订劳动合同对农民工劳动报酬的影响；将劳动合同分为长期劳动合同、短期劳动合同和无劳动合同，分析劳动合同期限对农民工劳动报酬的影响；将均值分析扩展到劳动报酬分布上，分析劳动合同对不同劳动报酬分布农民工劳动报酬的影响；考虑中国市场化改革的成果，在市场化的背景下分析劳动合同对农民工劳动报酬的影响；从性别的角度，分析劳动合同签订对农民工工资性别差异的影响；将农民工群体按照教育程度进行细分，分析劳动合同对不同受教育程度农民工劳动报酬的影响。本书的结构安排如下：

第一章介绍劳动合同理论与工资差异理论，并梳理相关理论中劳动合同对劳动者劳动报酬的影响。其中，包括完全竞争劳动力市场条件补偿性工资差异理论和人力资本理论，存在流动障碍条件下的劳动力市场分割理论以及存在信息不对称条件下的试用期理论。

第二章回顾劳动合同收入效应的计量分析方法。其中，包括普通最小

前言

二乘回归方法、工资差异分解方法、处理效应方法和分位数方法。

第三章建立农民工劳动报酬方程,应用双重样本选择偏差修正模型对农民工劳动参与和劳动合同选择导致的样本选择偏差进行修正,并应用适当的劳动报酬差异分解方法,在男性和女性样本分解签订和未签订劳动合同农民工的劳动报酬差异,最终准确度量劳动合同对男性和女性农民工劳动报酬的影响。

第四章基于系统性样本选择的倾向得分匹配方法,对不同期限类型劳动合同签订的影响因素和不同期限类型劳动合同对农民工劳动报酬的影响进行研究,讨论不同期限类型劳动合同对农民工工资和劳动报酬的影响。

第五章基于参数和非参数的分位数处理效应方法,分析不同劳动报酬农民工群体中,劳动合同对农民工劳动报酬的影响,检验在中国劳动合同对农民工劳动报酬的影响中是否存在"黏性地板效应"或者"天花板效应"。

第六章建立农民工劳动合同选择的多层Logit回归模型和劳动报酬方程的多层线性回归模型,研究市场化进程中,劳动合同签订率的变动和劳动合同对农民工劳动报酬水平的影响。

第七章建立劳动报酬的多层线性回归模型,并应用适当的劳动报酬差异分解方法,对农民工劳动报酬的性别差异进行分解,得出市场化和劳动合同签订对农民工劳动报酬性别差异的影响,并进一步研究市场化进程中劳动合同作用效果的变动情况。

第八章基于处理效应模型,应用倾向得分匹配方法,将农民工群体按照受教育程度进行细分,分析不同期限类型劳动合同对不同受教育程度农民工劳动报酬的影响。

第九章经过实证研究,得出六条结论,有助于理解劳动合同对农民工劳动报酬的作用机制。

最后,感谢张世伟教授在本书的写作过程中提出的宝贵意见。由于作者能力水平有限,本书难免疏漏之处,恳请各位专家和学者批评指正。

目 录

第一章 劳动合同与工资差异理论 1
第一节 补偿性工资差异理论 2
第二节 人力资本投资理论 12
第三节 劳动力市场分割理论 19
第四节 试用期理论 32

第二章 劳动合同收入效应经验研究方法和结果回顾 37
第一节 Mincer方程 38
第二节 劳动报酬差异分解方法 43
第三节 处理效应方法 49
第四节 分位数方法 60
第五节 本章小结 67

第三章 劳动合同签订对农民工劳动报酬的影响 70
第一节 劳动报酬方程的双重样本选择模型和劳动报酬差异分解方法 72
第二节 劳动合同选择和劳动报酬差异的统计描述 77
第三节 劳动报酬方程的双重样本选择的分析结果 81

第四节　本章小结　　　　　　　　　　　　　　　　　86

第四章　不同期限类型劳动合同对农民工劳动报酬的影响　　89
　　　第一节　处理效应研究方法　　　　　　　　　　　　91
　　　第二节　不同期限劳动合同劳动报酬差异的统计描述　93
　　　第三节　不同期限劳动合同对劳动报酬影响分析　　　99
　　　第四节　本章小结　　　　　　　　　　　　　　　　103

第五章　劳动合同对农民工劳动报酬分布的影响　　　　　105
　　　第一节　分位数处理效应方法　　　　　　　　　　　107
　　　第二节　不同劳动报酬群体特征的统计描述　　　　　109
　　　第三节　劳动报酬分布上的处理效应结果分析　　　　114
　　　第四节　本章小结　　　　　　　　　　　　　　　　117

第六章　市场化和劳动合同对农民工劳动报酬的影响　　　119
　　　第一节　劳动报酬方程多层模型　　　　　　　　　　120
　　　第二节　市场化和劳动力市场特征的统计描述　　　　126
　　　第三节　市场化和劳动合同对农民工劳动报酬影响回归
　　　　　　　结果　　　　　　　　　　　　　　　　　　130
　　　第四节　本章小结　　　　　　　　　　　　　　　　135

第七章　市场化和劳动合同对农民工工资性别差异的影响　138
　　　第一节　劳动合同与性别工资差异的统计描述　　　　140
　　　第二节　基于多层模型的劳动报酬差异分解方法　　　148
　　　第三节　市场化和劳动合同对农民工性别工资差异影响
　　　　　　　结果分析　　　　　　　　　　　　　　　　151

　　　　第四节　本章小结　　　　　　　　　　　　　　　　　157

第八章　劳动合同对不同受教育水平农民工劳动报酬的影响　160

　　　　第一节　处理效应模型　　　　　　　　　　　　　　162
　　　　第二节　劳动合同与不同受教育程度农民工劳动报酬的
　　　　　　　　统计描述　　　　　　　　　　　　　　　　　166
　　　　第三节　劳动合同对不同受教育农民工劳动报酬影响的
　　　　　　　　估计结果　　　　　　　　　　　　　　　　　171
　　　　第四节　稳健性分析　　　　　　　　　　　　　　　　180
　　　　第五节　本章小结　　　　　　　　　　　　　　　　　185

第九章　结论　　　　　　　　　　　　　　　　　　　　　　187

参考文献　　　　　　　　　　　　　　　　　　　　　　　　190

第一章 劳动合同与工资差异理论

不同于法学和法经济学的研究,经济学并不研究与劳动合同有关的所有问题。经济学研究的劳动合同理论是以劳动合同为出发点研究经济机制和经济制度的理论。

工资是劳动力市场的重要特征,因而工资差异问题一直是劳动经济学界的重要议题之一。竞争性工资差异理论认为,工资是由劳动力供给和需求决定的,因为供求双方的特征差异均会导致工资存在差异。卡赫克和齐尔贝尔伯格(2007)在《劳动经济学》一书中阐述,在完全竞争的劳动力市场中,工人工资完全取决于其劳动生产率。依据经济学的分析,完全竞争劳动力市场中工人的工资差异是由工人自身的能力差异抑或是工作的艰苦程度不同导致的。人力资本投资理论解释了工人能力差异导致的工资差异,补偿性工资差异理论解释了工作岗位艰苦程度差异导致的工人工资差异。

在现实经济中,完全竞争的劳动力市场条件是不存在的。因此工人工资差异不一定来自劳动生产率的差异。在经济学界,劳动力市场中生产率相同的个体,仅仅由于其从属于不同的劳动力群体而导致不同的工资水平,通常称之为劳动力市场存在歧视。经济学者认为不完全竞争是导致歧视长期存在的重要原因:一方面是存在流动障碍,导致用工单位将支付流动性差的工人较低的工资;另一方面是用工单位不能够掌握工人生产率水平的完全信息,存在信息不对称,因此可能导致生产率相同的工人获得不同的工资水平。劳动力市场分割理论解释了劳动力市场流动障碍下的工资差异问题,而试用期理论解释了用工单位不完全了解工人劳动生产率时工资差异问题。

本章将对工资差异理论进行具体的阐述,并说明在工资差异理论背景下,劳动合同对工人劳动报酬差异产生的影响。

第一节 补偿性工资差异理论

工作岗位性质对于劳动力市场均衡性质影响的理论,是亚当·斯密在1776年提出的。亚当·斯密认为补偿性工资差异(compensating wage differentials)之所以产生,就是出于工作岗位的非工资特征而对工人的补偿。补偿性工资差异理论认为工作的货币性收入和非货币性特征均会对工人的总效用产生影响,因此工作岗位特征的差异可能导致工人之间的工资水平的差异。假定劳动力市场不存在信息不对称问题以及进入障碍,影响劳动者总效用的因素除了货币性收入外,还有非货币性特征,例如工作环境好坏、工作是否自由、是否具有生命和健康危险、是否有工作时间方面的特殊要求以及工作是否稳定和员工福利多少等。劳动者具有避开工作风险或者令人不愉快的工作环境的愿望。因此,在完全竞争的劳动力市场中,工作岗位的非货币特征会导致工人的工资差异。在相同的效用水平下,条件好的工作岗位可以支付较低的工资,而条件较差的工作岗位,用工单位则需要支付较高的工资才能够吸引到工人,即补偿性工资。这种补偿性工资机制允许生来偏好就不同的工人根据竞争导致的工资差别来决定自己有意愿从事多艰苦的工作,这种机制也保证了劳动力在各种工作之间的配置具有社会经济效率。

一、从享乐主义模型到补偿性工资差异理论

在完全竞争市场中,生产率相同的劳动者存在工资差异,纯粹是由某些工作岗位比另一些工作岗位条件更加艰苦,或者某些劳动者能力比其他劳动者能力更强所导致的。享乐主义工资理论对源自艰苦的工作条件的差别进行了解释。享乐主义工资理论最初由亚当·斯密提出,1974 年,Rosen 对该理论进行了模型化,阐述了来自"补偿性因素"的工资差异。

假定各种工作岗位的工作特征相同,劳动力市场是信息完备的并且允许自由流动,那么均衡工资是由劳动力供求双方共同决定的。假定劳动是唯一的生产要素,每 1 单位劳动供给生产的产品数量为 y。市场中存在大量的劳动供给,每个劳动者可提供 1 单位劳动,并获得的工资为 w(用其生产的劳动力产品单位数来表示)。劳动者的效用函数可以设定为含 3 个参数的形式 $u(R,e,\theta)$,其中参数 R 表示收入,当劳动者被雇用时,$R=w$,在劳动者没有被雇用时,$R=0$;参数 e 用来测量每种工作岗位所需要的努力程度(或工作的内在难易程度),由于假定所有工作岗位的难易程度是相同的,因此当劳动者被雇用时有 $e=1$,反之在劳动者没有被雇用时有 $e=0$;参数 $\theta \geqslant 0$ 表示被考察劳动者的劳动负效用或者称之为机会成本,累积分布函数可表示为 $G(\cdot)$。在这个模型中,我们假定了所有的工作岗位具有相同的"内在"难度 e,但是每个劳动者对自己所从事的工作难度将作出不同的反应,θ 较小的劳动者更容易接受难度大的工作。

简单起见,假设效用函数是线性的,表示为收入与其机会成本之差,即具体表示为 $u(R,e,\theta)=R-e\theta$。如果劳动者被雇用,则效用水平为 $w-\theta$,如果劳动者没有被雇用,效用水平为 0。由此可知,只有当 $w-\theta>0$ 时,劳动者才会选择工作。于是,市场自由进入条件所决定的劳动力需求可表示为:

$$L^d = \begin{cases} +\infty & w < y \\ [0, +\infty) & w = y \\ 0 & w > y \end{cases} \tag{1.1}$$

图 1-1 给出了劳动力市场的均衡。纵坐标表示劳动力数量,横坐标表示工资水平。劳动力的需求由两部分构成:一条纵坐标为 0 的水平线(如果工资大于个体产出)和一条横坐标为 y 的垂直线(如果工资小于个体产出)。劳动力供给为 $G(w)$,可表示为一条经过原点的递增曲线,在劳动力市场均衡状态时,劳动力需求等于劳动力供给。图 1-1 显示,劳动力需求曲线与劳动力供给曲线交点的坐标为 $(y, G(y))$。因此,均衡工资为 y,厂商的利润为 0,就业水平为 $G(y)$,意味着只有工作的负效用(或者机会成本)θ 小于 y 的个体会决定工作。

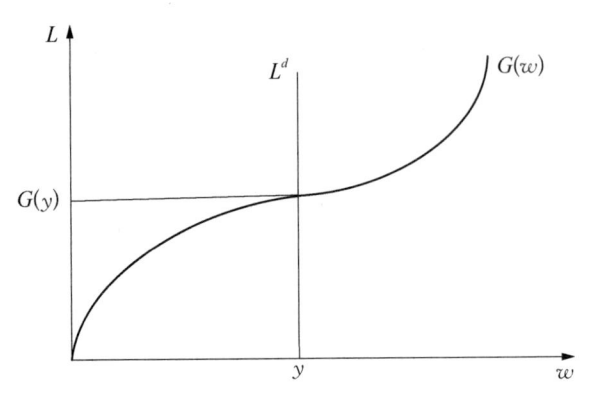

图 1-1 完全竞争的劳动力市场均衡

资料来源:卡赫克和齐尔贝尔伯格(2007)。

更进一步地,假设各种工作岗位的难易程度不尽相同。为此,假设存在一个工作岗位连续体,每一种工作岗位需要劳动者的努力程度各不相同,不同的努力程度 e 是衡量工作岗位难度的一个综合指标,涵盖事故风险大小、工作时间灵活性、工作环境优劣、工作稳定性强弱以及社会认可度高低等多个维度。劳动者被雇用时 $e > 0$,劳动者没有被雇用时 $e = 0$。生产率可表示为劳动者努力程度的函数,即 $y=f(e)$,且每一种工作的生产率是劳动者努力程度的凹性增函数,即 $f'(e)>0$, $f''(e)<0$, $f(0)=0$。

市场自由进入假设意味着每一种工作的利润为0,劳动者的工资等于其劳动生产率。如果努力程度为 e 的劳动者的均衡工资为 $w(e)$,那么有 $w(e)=f(e)$。在完全竞争的市场中,每个劳动者将在 $u(w,e,\theta)\geqslant u(0,0,\theta)=0$ 的参与约束下选择获得做到满意度 $u[f(e),e,\theta]$ 的努力程度可表示为:

$$\begin{cases} f'(e)=\theta \Leftrightarrow e=e(\theta), & f[e(\theta)]-\theta e(\theta)\geqslant 0 \\ e=0, & f[e(\theta)]-\theta e(\theta)\leqslant 0 \end{cases} \quad (1.2)$$

式(1.2)的第一行表示在 $f[e(\theta)]-\theta e(\theta)\geqslant 0$ 时,劳动者选择工作,且努力程度的边际回报为 θ,即 $f'(e)=\theta$。因为 $f''(e)<0$,因此边际回报 $f'(e)$ 随 e 增大而减小,因此最优努力程度 $e(\theta)$ 随 θ 增大而减小。均衡条件下,参数为 θ 的劳动者获得的均衡工资可表示为 $w[e(\theta)]=f[e(\theta)]$,条件艰苦工作的劳动报酬是一种"补偿"性的工资差别,因此工资随着劳动者工作努力程度的增高而上涨。

图1-2对该问题进行了图示,反映了不同努力程度劳动者的不同选择。θ^+ 类劳动者比 θ^- 类劳动者更加厌恶努力工作,图中横坐标表示劳动者

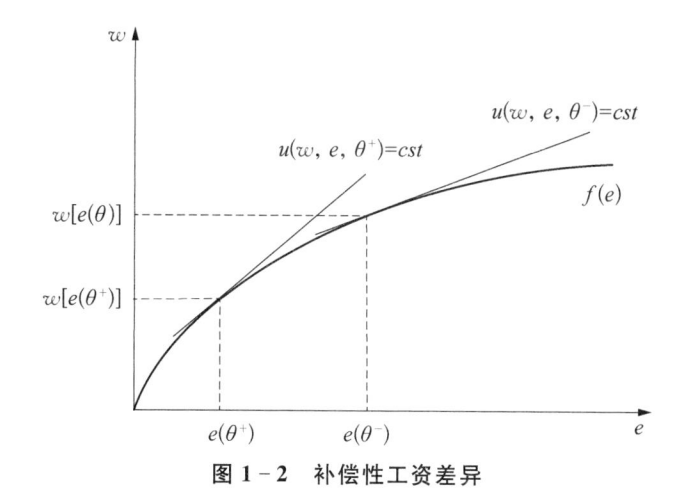

图1-2 补偿性工资差异

资料来源:卡赫克和齐尔贝尔伯格(2007)。

的努力程度,纵坐标表示劳动者获得的工资水平。无差异曲线是一条斜率为 θ 的曲线,每一个劳动者都会选择使得自己的无差异曲线与 $f(e)$ 相切时的努力程度。因此,θ^+ 类的劳动者更倾向于选择对努力程度要求较低的工作岗位,工资为 $w[e(\theta^+)]$;θ^- 类的劳动者则选择对努力程度要求高的工作岗位,工资为 $w[e(\theta^-)]$,显然 $w[e(\theta^-)] > w[e(\theta^+)]$。

Rosen(1986)基于存在风险工作的劳动供给和需求曲线,分析补偿性工资差异的决定。假设仅存在具有安全性的和具有风险性的两种工作岗位类型,从事安全性工作岗位的劳动者受到伤害的概率为0,从事具有风险性工作岗位的劳动者受到伤害的概率为1。同样假定劳动力市场中信息是完备的,劳动者了解工作岗位的风险性信息,且所有的劳动者都是风险厌恶的,那么,劳动者的效用可表示为工资水平和风险系数的函数:

$$U = f(w, p) \tag{1.3}$$

其中,w 表示工资率,p 表示风险系数。$\partial U/\partial w > 0$,$\partial U/\partial p < 0$,因此劳动者的无差异曲线是向上倾斜的(如图1-3所示)。

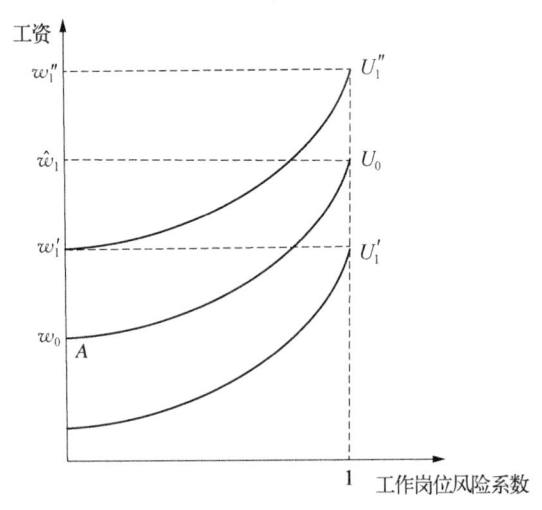

图1-3 劳动者工资与工作中受到伤害的无差异曲线

资料来源:鲍哈斯(2010)。

假定安全的工作岗位的工资率为 w_0，在 A 点，劳动者受到工作伤害的概率为 0，所得到的效用为 U_0。如果存在风险的工作岗位提供的工资为 w_1'，劳动者获得的效用为 $U_1' < U_0$，因此劳动者不会选择存在风险的工作；如果该工作岗位提供的工资为 w_1''，那么劳动者获得效用为 $U_1'' > U_0$，此时劳动者会选择具有风险的工作岗位；如果存在风险的工作提供的工资为 $\hat{w}_1$，劳动者获得的效用水平为 U_0，此时劳动者选择安全的工作和具有风险的工作是无差异的。因此，将劳动者的保留价格（reservation price）定义为需要贿赂劳动者接受具有风险的工作岗位的货币数量 $\Delta \hat{w} = \hat{w}_1 - w_0$。

但是，不同的劳动者对风险的态度是不同的。如果劳动者的风险厌恶程度较低，$\Delta \hat{w}$ 较小，无差异曲线是相对扁平的；如果劳动者的风险厌恶程度较高，$\Delta \hat{w}$ 较大，无差异曲线就相对陡峭。劳动力市场中具有风险工作岗位的供给曲线如图 1-4 所示。观察该供给曲线我们可以判断随着保留价格的变化，接受具有风险工作岗位的劳动者数量的变化情况。当工资差异为零时，愿意接受具有危险工作岗位的劳动者数量为零。随着工资差异的

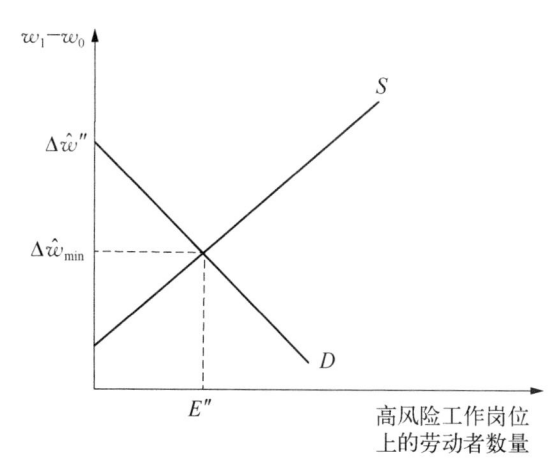

图 1-4 决定市场补偿性差异

资料来源：鲍哈斯（2010）。

上升,到达 $\Delta\hat{w}_{min}$ 时,风险厌恶程度最低的劳动者将被"收买",接受具有风险的工作岗位。随着工资差异的继续增大,接受具有风险的工作岗位的劳动者的数量越来越多。

从劳动力的需求角度看,与劳动者在具有风险性的工作和具有安全性的工作之间进行选择一样,企业也必须在向劳动者提供一个安全的工作环境还是具有风险的工作环境中进行抉择。企业提供安全的工作,意味着需要支付较低的工资水平;如果企业提供具有风险的工作环境,那么企业需要支付较高的工资水平。当然,企业选择的依据是有利可图。对于不同的企业,其拥有不同的生产安全性的技术,如果具有风险的工作和安全的工作之间的工资差异较小,那么将会有较少的企业进行投资来消除工作岗位的风险性,因此提供高风险工作的企业劳动力需求较高。随着两类工作工资差异的上升,一些企业将会选择提高工作环境的安全性(而不倾向于支付更高的工资)。随着工资差异上升的更多,新进入的企业将会发现:提供一个安全的工作是有利可图的。因此,具有风险性的工作的需求的数量将不断下降。由此可知,具有风险的工作的需求曲线如图 1-4 中的曲线 D,是向右下方倾斜的。

补偿性工资差异和具有高风险工作岗位需要的劳动者的数量是由劳动力市场的供给和需求决定的。图 1-4 中给出了劳动力市场均衡的状态,均衡状态下从事高风险工作的劳动者的数量为 E^*,可知补偿性工资差异为 $\Delta\hat{w}^* = (w_1 - w_0)^*$。

进一步假设劳动力市场中不仅劳动者类型不同,企业类型也不同。假定工作岗位的风险系数可表示为 $\rho(0 \leqslant \rho \leqslant 1)$。劳动者风险厌恶程度不同,无差异曲线的斜率表示劳动者从事高风险工作的保留工资,因此,无差异曲线如图 1-5 所示,是凸形的。

企业是追求利润最大化的,因此企业在劳动力市场中提供不同工作岗位的一揽子待遇(包含工资和特定的工作环境)来争夺劳动者。此处引入等

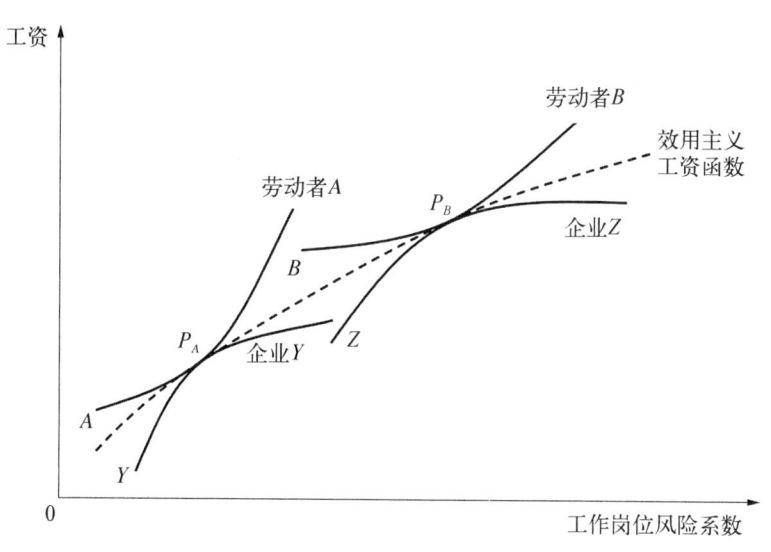

图 1-5 效用主义工资函数

资料来源：鲍哈斯(2010)。

利润线,其具有以下特点:(1)等利润线是向上倾斜的,因为生产安全性是非常昂贵的;(2)位于较高等利润线上的工资-风险组合产生的利润较低;(3)等利润线是凹向原点的。如图 1-5 所示,每一家企业提高工作安全性的成本不同,因此它们的等利润线是不同的,等利润线越陡峭,说明企业提高工作安全性的成本越高。

劳动力市场均衡将决定劳动者在不同的风险系数工作岗位上不同的工资水平。劳动者 A 最厌恶风险,他会选择在企业 Y 工作,以实现其效用最大化,该企业恰好可以提供安全的环境。相比之下,劳动者 B 不那么在乎风险,因此其在 P_B 点实现效用最大化,选择在难以提供安全的工作环境的企业 Z 工作。图 1-5 中的点 P_A 和 P_B 表示了可观察到的工资-风险组合,将这些点连在一起便构成了劳动者与工作岗位环境特征之间的效用主义工资函数的形式。显然,效用主义工资函数认为高风险系数的工作岗位应该提供高工资。

二、劳动合同与补偿性工资差异

在劳动力市场中,所有的劳动者均倾向于稳定就业,即工作稳定性是工作特征较好的具体表现形式之一。签订劳动合同意味着较高的就业稳定性,未签订劳动合同意味着就业稳定性较差。在完全竞争的劳动力市场中,劳动者是追求效用最大化的,因此就业稳定性的差异会导致劳动者工资水平存在差异,即劳动合同签订与否与劳动者工资水平之间的关系可以通过补偿性工资差异理论来进行解释。通常认为,用工单位如果提供工作稳定性较差的工作岗位,则用工单位需要对工作稳定性差的劳动者(即未签订劳动合同的那部分劳动者)进行工资补偿。

假定劳动者的效用函数为 $U=U(W,D)$,其中,W 表示劳动者从工作中获得的工资水平,而 $D=\{0,1,2\}$ 表示该工作所属的劳动合同类型。令 $D=2$ 表示该工作的合同类型为未签订劳动合同,$D=1$ 表示该工作的合同类型为签订短期劳动合同,$D=0$ 表示该工作的劳动合同类型为签订长期劳动合同。由于长期劳动合同的工作稳定性优于短期劳动合同优于未签订劳动合同,因此自然可以假设 $U(W,2)<U(W,1)<U(W,0)$。假定 W_0 为 $D=0$ 时的工资,把 W_1^* 和 W_2^* 定义为要使得 $D=1$ 和 $D=2$ 时工作提供与 $D=0$ 时相同的效用的工资值,则 W_1^* 和 W_2^* 满足 $U(W_2^*,0)=U(W_1^*,1)=U(W_0,2)$。在同等的工资水平下,如果其他条件都相同,劳动者只会选择 $D=0$(即签订长期劳动合同),而不会选择 $D=2$ 和 $D=1$;如果只存在 $D=2$ 和 $D=1$,那么劳动者会选择 $D=1$ 而不会选择 $D=2$,因此有 $W_0<W_1^*<W_2^*$。

差异 $Z_1=W_1^*-W_0$ 定义为 $D=0$ 和 $D=1$ 之间的工资补偿变量,$Z_2=W_2^*-W_0$ 定义为 $D=0$ 和 $D=2$ 之间的工资补偿变量,这是使得劳动者在三类不同劳动合同类型的工作中获得相同的效用水平所必须做出的补偿,有时被称为"影子价格"。因此,在就业稳定性差、失业风险较高的工作中,用工企业需要支付劳动者更高的工资水平以吸引劳动者选择该种类型的工作岗位。

假定劳动者接受工资水平为 W 的工作岗位时获得的劳动报酬为 Y_1,失业时劳动报酬为 Y_0,$Y_1 \geqslant Y_0$,效用函数如图 1-6 所示。

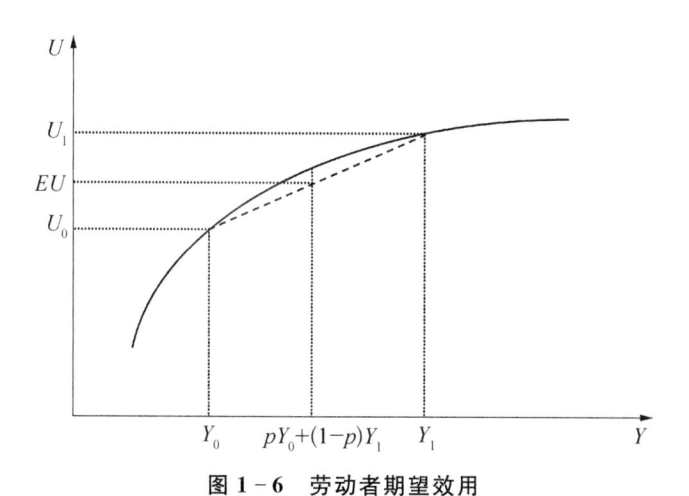

图 1-6 劳动者期望效用

如果将 D 作为连续变量表示劳动者的失业风险,劳动者继续留任的概率为 p,则劳动者失业的风险可表示为 $(1-p)$,那么劳动者的期望效用可表示为:

$$E(U) = pU(Y_1) + (1-p)U(Y_0) \tag{1.4}$$

由于劳动者是风险厌恶型的,因此有:

$$E[pY_1 + (1-p)Y] \geqslant pU(Y_1) + (1-p)U(Y_0) \tag{1.5}$$

式(1.5)意味着如果工作的稳定性较高,劳动者获得 $pY_1 + (1-p)Y_0 \leqslant Y_1$ 的收入水平便可以获得较高的效用水平。

综上所述,根据补偿性工资理论,在完全竞争的劳动力市场中,长期劳动合同、短期劳动合同和未签订劳动合同的就业稳定性依次降低,因此为了补偿劳动者的效用损失,劳动者获得的工资水平应呈现逐渐上升的趋势。

因此,在劳动力市场达到市场均衡时,未签订合同劳动者的工资水平高于签订短期合同劳动者的工资水平,并高于签订长期合同劳动者的工资水平。

第二节　人力资本投资理论

人力资本理论起源较早,最早可追溯到18世纪。1776年,古典经济学派创始人亚当·斯密在其著作《国富论》中首先提出了人力资本的思想。亚当·斯密认为人的知识和技能与其他生产性资本相同,都是生产财富的重要手段。其思想与柏拉图不同,他认为在接受教育和培训之前,劳动者的先天智力和能力大抵相同,个人的工作能力主要取决于后天的学习和实践,而接受教育和培训等是需要成本的,称之为人力资本投资。古典经济学派的经济学者们继承并发展了该学说。① 但是,英国著名经济学家阿尔弗雷德·马歇尔(A. Marshall)认为对一个国家或者地区而言,知识资本的重要性远远大于物质资本的重要性,但是在实际的经济分析中,他并没有肯定人力资本的概念,导致自19世纪起,人力资本思想没有被主流经济学所接受。直至20世纪后,西方经济学界对人力资本理论的研究取得了新的进展。②

---

① 英国古典政治经济学代表大卫·李嘉图(D. Ricardo)认为,人与机器最大的区别是只有人的劳动能够创造价值,并将人类的劳动划分为直接劳动和间接劳动。英国经济学家约翰·穆勒(J. Mill)传承了亚当·斯密的观点,在《政治经济学原理》一书中指出如果将手工工人培训成用脑力工作的劳动者,那么将大大提高劳动生产率,他将人力资本投资划分为三部分:学校教育、培训、家庭抚育和卫生医疗。

② 1906年,美国数理经济学家欧文·费雪(I. Fisher)在其出版的《资本的性质和收入》一书中提出了人力资本的概念,并将其纳入经济分析框架中,但并未得到主流经济学家的认同。1926年,苏联经济学家斯坦利尼斯拉夫·古斯塔沃维奇·斯特鲁米林(S. G. Strunmilin)在《国民教育的经济意义》一文中系统研究了年龄、工龄、教育程度度对劳动技能的影响。他明确认为,年龄、工龄和教育程度均会影响劳动技能的高低,随着受教育程度的提高,其劳动技能(包括体力和脑力劳动技能)也会随之相应提高。该文受到同行的一致好评,被称为"令人瞩目的先驱性论文"。1935年,美国哈佛大学约瑟夫·沃尔什(J. Walsh)在其《人力资本观》一文中阐释了人力资本的概念,并对教育受理率进行了计算,并将其应用于经济问题分析。

第二次世界大战后,各界各国的经济开始复苏,新古典经济学频频受到挑战,为了解释新的经济问题,一些学者开始在人力资本领域进行挖掘和探索,开创了现代人力资本理论。1959年,芝加哥学派的代表人物西奥多·舒尔茨(T. Schultz)提出人力资本投资理论,阐明人力资本对国民经济增长至关重要,同时他对教育收益率进行估算。1964年,加里·贝克尔(G. Becker)发表著作《人力资本》,促进了人力资本理论的进一步发展。

一、通用人力资本投资理论

通用人力资本投资一般指学校教育、一般培训等,目的是提高劳动者的劳动生产率。通用人力资本可应用于所有的工作场所,不具有专用性。接受教育和一般培训是一种能在未来产生收益的投资。就此而言,个体的工资差异受个体生产率差别的影响,而个体生产率差别本身又受个体教育或培训等人力资本投资情况的影响。

(一) 正规学校教育模型

假定劳动者在进入劳动力市场之后不再接受正规学校教育,之前接受正规学校教育的内部收益率为 ρ。此时,假设接受教育的成本为接受教育期间的潜在收入值,则在校时间 t 的潜在收入值可表示为 $y(t)$,因此接受教育期间的成本也为 $y(t)$,成本 $y(t)$ 使得劳动者的未来收入值增加 $\dot{y}(t)$。

令 T 表示到工作结束的期限,收入增量在 t 期末的贴现值为:

$$\dot{y}(t)\int_t^T e^{-\rho(\tau-\rho)}d\tau = \dot{y}(t)[1-e^{-\rho(T-t)}]/\rho \tag{1.6}$$

由于正规学校教育的内部收益率使得该项教育投资的未来收益贴现值等于其成本,即可表示 $y(t)=\dot{y}(t)[1-e^{-\rho(T-t)}]/\rho$,因此有:

$$\frac{\dot{y}(t)}{y(t)} = \rho \frac{1}{1-e^{-\rho(T-t)}} \tag{1.7}$$

如果工作寿命结束的时期 T 远远大于接受教育的时期 t，那么有 $\rho/1-e^{-\rho(T-t)} \approx \rho$。因此，收入满足微分方程 $\rho = \dot{y}(t)/y(t)$，对该微分方程进行积分可得到：

$$\ln y(t) = \ln y(0) + \rho t \tag{1.8}$$

在 $y(t)$ 和 t 已知的情况下，可以应用最小二乘回归方法对上式进行回归。如果 t 表示接受正规教育的年限，那么其回归系数就可表示为教育回报率，即接受教育每增加一年，劳动者的收入水平将提高相对收入的增量。

(二) 一般收入模型

劳动者不仅在进入劳动力市场之前进行人力资本投资，在其进入劳动力市场之后也会通过"干中学"积累工作经验。工作经验也是劳动者人力资本积累的一部分，因此需要将模型扩展为终身学习的收入模型。

假设在每一个时间区间 $[t, t+dt]$ 内，劳动者可以将一部分时间用于学习；假设 $s(t)$ 表示劳动者接受培训付出的时间，表示为在区间 $[0, 1]$ 内的连续变量。具体而言，就是劳动者把时期 $[t, t+dt]$ 的一部分时间 $s(t)$ 用于接受培训，那么，该劳动者就需要在该时期 $1-s(t)$ 这个时间段内从事生产工作，并且因此获得收入 $A(1-s(t))h(t+\tau)$。A 表示人力资本的生产率。

假设人力资本的运动规律为：

$$\dot{h}(t+\tau) = \rho_x [s(\tau)h(t+\tau)] \tag{1.9}$$

其中，$s(\tau)h(t+\tau)$ 表示劳动者在时期 t 为接受培训而做出的努力。

在接受教育时长相同的情况下,人力资本存量 $h(t)$ 越大,该劳动者为接受培训而做出的努力就越有效率。固定系数 ρ_x 表示培训的投资回报率。在 $\tau=0$ 以及 $\tau=x$ 之间对(1.9)式进行积分求解,得出 x 年工作经历的劳动者的人力资本积累为:

$$h(t+x) = h(t)e^{\rho_x\int_0^x s(\tau)d\tau} \tag{1.10}$$

于是,具有 x 年工作经历个体的收入 $y(t+x)$ 可表示为:

$$y(t+x) = [1-s(x)]y(t)e^{\rho_x\int_0^x s(\tau)d\tau} \tag{1.11}$$

由式(1.11)可知,具有 x 年工作经历的劳动者的收入取决于其离开学校之后的收入水平 $y(t)$ 以及该劳动者在参加工作之后用于接受培训的时间。假设 $s(x) = s_0 - s_0(x/T)$,即假设人力资本的积累是接受培训时间的线性函数,因此有:

$$\int_0^x s(\tau)d\tau = s_0 x - (s_0/2T)x^2 \tag{1.12}$$

因此,可以得到收入方程的表示形式为:

$$\ln y(t+x) = \ln y(0) + \rho t + \rho_x s_0 x - \rho_x(s_0/2T)x^2 + \ln[1-s(t)] \tag{1.13}$$

式(1.13)表示,劳动者的收入水平取决于其学校正规教育年限 t、参加工作后的工作年限 x 以及工作年限 x^2。学校正规教育的教育回报率为 ρ,工作年限对个体收入的影响呈现先上升后下降的倒 U 形趋势。

二、专用人力资本投资理论

专用人力资本投资理论最早由 Becker 提出。Becker(1964)指出,某些投资是投向专用资本的,成为厂商不可逆转的支出。此类投资的成本和收益只有在工人和企业之间进行分配时才有价值,分配降低了任意一方单方面终止劳动关系而给另一方带来损失的可能性。[①] Williamson(1975)和Grout(1984)强调,当合同不完全时,亦即当合同事先没有不可逆转的详细规定各种可能出现的情况以及每种情况下的相应工资水平时,进行专用人力资本投资的动机就会受到严重影响。Wasmer(2004)认为,签订永久劳动合同可以激励企业和劳动者进行专用人力资本投资,并且可以提高投资回报率。Belot等(2007)研究表明,当固定期限劳动合同签订率较高时,增加解雇成本有利于增加专用人力资本投资,从而提高劳动者的劳动生产率。

Hashimoto(1981)提出正式的分享模型(Sharing Model)对专用人力资本投资的动机进行系统的分析。在该模型的基础上考虑存在解雇成本的情形,分析签订与不签订劳动合同对劳动者劳动报酬水平的影响。假设雇佣双方风险中立,并且市场是完美的。此时,假定存在两个阶段:第一阶段是专用人力资本投资的阶段;第二阶段是劳动者接受专用人力资本投资后进行生产活动的阶段。劳动合同是在第一阶段初期签订的,并且在此阶段通过双方协商设定了劳动合同期限和对应的固定工资水平。劳动者在用工单位内部的劳动生产率还受到随机冲击的影响,但是随机冲击的实现值在第一阶段初期是观测不到的,只有结束时才能够观测到。第一阶段结束时,雇佣双方可以选择继续或者终止劳动合同。如果终止劳动合同,用工单位需要支付被解雇劳动者一定数额的解雇费用 F。[②]

在第一阶段,假定专用人力资本投资的固定成本为 c。在第二阶段,劳动者专用人力资本投资后的劳动生产率为 $H+m+\eta$,其中, H 和 m 分别表示通用和专用人力资本产出, $m>c$, η 为随机变量,代表用工单位面临的

  [①] 有人对贝克尔的分享假设提出质疑,但是,如同 Sheila Eastman 指出的那样,他们的分析对投资的定义与传统的定义不同,因此质疑分享理论是不恰当的。
  [②] 企业对已经签订劳动合同的员工解除劳动合同需要支付解雇费用 F,而对于未签订劳动合同的员工,则不需要支付任何费用,即企业的解雇行为是无成本的,即此时 $F=0$。

外部环境冲击，$E(\eta)=0$。如果不进行专用人力资本投资，在第二阶段劳动生产率为 $H+\eta$，劳动报酬水平为 w'，$w' < H$，由劳动力市场外生决定。假定劳动者的谈判能力可表示为 α，因此进行专用人力资本投资后，用工单位支付劳动者的劳动报酬可表示为 $w=w'+\alpha m$。

第一阶段末，用工单位观测到随机冲击的实现值。如果留用劳动者的净收益低于解雇现有劳动者的损失，即当 $H+m+\eta-w<-F$ 时，用工单位选择解雇现有的劳动者；但是当 $H+m+\eta-w>-F$ 时，用工单位将留用现有的劳动者；如果 $H+m+\eta-w=-F$，那么解雇现有和留用现有劳动者对用工单位而言是相同的。因此，用工单位解雇劳动者的概率为 $p(\eta<w-F-H-m)=p(\eta<(\alpha-1)m+w'-F-H)$。专用人力资本投资后，用工单位的期望收益可表示为：

$$\begin{aligned}E(R)=&p(\eta\geqslant w-F-H-m)[H+m-w\\&+E(\eta\mid\eta\geqslant w-F-H-m)]\\&-p(\eta<w-F-H)F-c\end{aligned} \quad (1.14)$$

用工单位的另一种选择是不进行专用人力资本投资，此时，用工单位的期望收益值则可表示为：

$$\begin{aligned}E(R)'=&p(\eta\geqslant w'-F-H)[H-w'\\&+E(\eta\mid\eta\geqslant w'-F-H)]\\&-p(\eta<w'-F-H)F\end{aligned} \quad (1.15)$$

从用工单位的角度而言，只有当进行专用人力资本投资后的期望收益更高时（即 $E(R)\geqslant E(R)'$）才会进行专用人力资本投资，简化专用人力资本投资的净期望收益的表达式，可得：

$$\begin{aligned}E(R)-E(R)'=&p(\eta\geqslant Z)(-Z)+\int_Z^\infty\eta f(\eta)\mathrm{d}\eta-c\\&-p(\eta\geqslant Z')(-Z')-\int_{Z'}^\infty\eta f(\eta)\mathrm{d}\eta\end{aligned} \quad (1.16)$$

其中，$f(\cdot)$ 表示随机冲击 η 的概率密度函数，$Z=w-F-H-m=(\alpha-1)m+w'-F-H$。同样地，$Z'=w'-F-H$，然后将专用人力资本投资净收益函数分别对 F 和 m 求一阶导数，可知：

$$\frac{\mathrm{d}E(R)-E(R)'}{\mathrm{d}F}=p(\eta \geqslant Z)-p(\eta \geqslant Z') \tag{1.17}$$

$$\frac{\mathrm{d}E(R)-E(R)'}{\mathrm{d}m}=(1-\alpha)p(\eta \geqslant Z) \tag{1.18}$$

由于 $(\alpha-1)m \leqslant 0$，因此有 $Z \leqslant Z'$，则有 $p(\eta \geqslant Z)-p(\eta \geqslant Z') \geqslant 0$，说明专用人力资本投资的净收益是解雇成本 F 的递增函数，可知随着解雇成本的增加，专用人力资本投资的收益增加。因此，用工单位通过进行专用人力资本投资获得收益的可能性越大。同时 $dE(R)-E(R)'/dm \geqslant 0$，即投资的净收益是专用人力资本产出 m 的增函数，即随着专用人力资本产出的增加，专用人力资本的净收益越高，企业进行专用人力资本投资的概率越高。

综上可知，面对市场波动，解雇成本增加了用工单位与劳动者之间劳动关系的稳定性，这种劳动关系的稳定性有利于促进用工单位对劳动者进行专用人力资本投资。不同期限类型劳动合同劳动者的解雇成本不同，劳动关系稳定性存在差异。签订劳动合同劳动者的解雇成本更高，因此劳动稳定性更好，并且劳动合同期限越长，解雇成本越高，劳动稳定性越好。因此，用工单位为了最大限度地保证专用人力资本投资的有效性，更加倾向于对就业稳定性好的劳动者进行投资。可见，签订劳动合同个体的就业稳定性好，获得专用人力资本投资的概率更大，在获得专用人力资本后，劳动者在用工单位的生产率有所提高，工资收入也会相应得到提高。

并且，对于不同的劳动者而言，专用人力资本的产出值 m 是不同的。因此，专用人力资本投资可能会对不同的劳动者产生程度不同的影响，即劳动合同签订对不同劳动者工资的影响可能不同。

根据专用人力资本投资理论,签订劳动合同(尤其是长期劳动合同抑或是无固定期限类型劳动合同)劳动者的解雇成本高于未签订劳动合同劳动者的解雇成本,因此其工资水平也高于未签订劳动合同劳动者。

第三节 劳动力市场分割理论

约翰·穆勒和凯恩斯质疑亚当·斯密关于劳动力市场完全竞争的性质的阐述,认为劳动力市场并不是完全竞争的,具有非竞争的性质,可以认为这是劳动力市场分割理论的源头。Cains(1874)也同样认为劳动力市场具有非竞争性质。现代劳动力市场分割理论产生于20世纪60年代末期,该理论认为传统的理论无法解释贫穷、歧视以及与人力资本理论相悖的收入分配等现象,认为新古典理论没有关注到妨碍劳动者选择的制度和社会因素。劳动力市场分割理论的分析方式具有较大的差异,主要体现在研究的重点、市场分割的界限等等方面的差异。

一、二元分割理论

1954年,克拉克·科尔发表了著作《劳动力市场分割》,首次提出了劳动力市场分割以及企业内部劳动力市场的思想,并将劳动力市场划分为内部劳动力市场和外部劳动力市场,认为现实中的劳动报酬差别是劳动力市场分割的结果。但其思想在当时并没有引起经济学界的足够重视(Osterman,1984)。在所有对劳动力市场分割的理论中,皮特·多林格(P. Doeringer)和米歇尔·皮里奥(M. Piore)在1971年发表了《内部劳动力市场及人力政策》一文,是劳动力市场分割理论的代表,文中提出了较为完整的二元劳动力市场理论(Dual Theory)。该理论将劳动力市场分为具有高收入、工作稳定好、较多培训机会以及良好的晋升机制等特点的主要劳动力市场和与其相反的次级劳动力市场。

教育和培训在主要劳动力市场上对收入的促进作用明显高于高于次级劳动力市场，并且主要劳动力市场和次级劳动力市场之间缺乏流动。Gordon(1972)以及Kalleberg和Sorensen(1979)指出，很多次级劳动力市场的劳动者不能进入主要劳动力市场，不是因为他们生产能力较差，而是因为主要劳动力市场中的用工单位和劳动者无法接纳他们，存在对他们的雇佣歧视。他们认为主要劳动力市场内部的运行并不是依据利润最大化原则，而是制度性规则代替了市场竞争。事实是，不同的市场具有不同的劳动报酬机制，劳动生产率相似的劳动者，在不同的劳动报酬决定机制和激励机制的作用下，其获得的劳动报酬水平也是大不相同的。

签订劳动合同的劳动者享有各项合法权益，包括工资、培训、社会保障和福利等。未签订劳动合同劳动者并不能获得企业为员工进行的社会保障的投保，或者说投保率极低。这并不符合《劳动法》及《劳动合同法》的相关规定。而且未签订劳动合同劳动者获得培训的机会少，导致其人力资本积累较少，影响其长期劳动报酬水平的提升。签订劳动合同和未签订劳动合同劳动者，工资以及社会保障享有方面都存在显著差异，这种分割将导致签订和未签订劳动合同劳动者的劳动报酬水平可能存在显著差异，签订劳动合同劳动者的劳动报酬水平显著高于未签订劳动合同劳动者的劳动报酬水平。

在西方劳动力市场中，劳动力市场分割理论描述了永久劳动合同和固定期限劳动合同在宏观经济运行均衡中长期共存的条件(Blanchard and Landier，2002；Boeri and Garibadi，2007；Saint-Paul，1996)。

二、内部人-外部人理论

Cain(1976)指出，20世纪70年代新古典经济学家对二元劳动力市场分割理论提出质疑,他们认为对一个复杂、异质的劳动力市场而言,将劳动力市场划分为主要和次要劳动力市场过于简单。20世纪80年代后,一些经济学家对该理论进行了发展,其中,内部人-外部人理论就对分割理论提供了新的解释。内部人-外部人模型最早是由林德贝克和斯诺尔在1986年提出来的。该模型将就业的劳动者称为"内部人",将失业者称为"外部人","内部人"具有较强的讨价还价的能力,而且工会只代表"内部人"的利益。因此,对于用工单位而言,替换已经工作的"内部人"需要支付一定的替换成本(包括解雇成本、搜寻成本以及培训成本等)。

Bertola(1990)在 Lindbeck 和 Snower(1987b)的基础上,在内部人-外部人模型中加入了简单的动态因素,对解雇成本的影响进行了分析。假设企业的收益函数为 $R(Z,L)$,Z 为不变的常数,劳动力数量为 L_{1f},每个劳动者的保留工资是常数 $\hat{w}$。如果企业用"外部人"替代"内部人",那么企业必须支付转换成本,因此,转换成本可能对工资和就业产生相应影响。

假定每个劳动者个体可以单独与企业讨价还价,签订劳动合同的劳动者设定了他们的工资水平,如果在保留工资水平上存在超额劳动供给,那么各期的工资水平都将降至与保留工资相同,实现市场出清。那么决定企业雇佣水平 L_c 的企业的最优决策为:

$$M(Z,L_c) = \hat{w} + \frac{r}{1+r}H \tag{1.19}$$

其中,$M(Z,L)$ 为劳动力的边际收益产品,$M(Z,L) = \partial R(Z,L)/\partial L$,$r$ 表示利率,H 表示用工单位的雇佣成本。当工资高于保留工资 $\hat{w}$,并且雇用水平低于 L_c 时,会达到市场均衡。假设劳动者接受现行工资水平进行工作,未来可以进行重新谈判,那么所有以前雇用的劳动者因为转换成本的存在而具有更高的谈判力,如果新进入者的工资水平为 w_e,那么"内部人"可以获得 $w_e + H + F$(F 表示解雇成本)的工资而不会失业。因此，用"外部人"代替"内部人"，企业可以节省 $H+F$ 的工资，但会增加相同的转换成本。

用工单位成立之初，所有的劳动者都是新进入者，用工单位可以支付比以后各期都低的工资；在下一期，当劳动者成为"内部人"，他们将具有较高的谈判力，因此会提高工资要求。均衡时，"内部人"将用工单位推到解雇决策的临界点上，用工单位的最优雇佣人数 $\bar{L}$ 将满足：

$$\sum_{i=0}^{\infty}\left[\frac{1}{1+r}\right]^{i}(M(Z,\bar{L})-(w_e+(H+F)))=-F \tag{1.20}$$

通过求解式(1.20)，可以得到：

$$M(Z,\bar{L})=w_e+H+\frac{1}{1+r}F \tag{1.21}$$

在 w_e 给定的情况下，随着雇佣成本 H 和解雇成本 F 的增加，企业的雇佣水平不断下降，与 Lindbeck 和 Snower(1987b)的研究结果类似。假定劳动报酬取决于各期劳动报酬的贴现值，那么就业者的劳动报酬为：

$$\begin{aligned}Y_1&=w_e+\sum_{i=1}^{\infty}\left[\frac{1}{1+r}\right](w_e+H+F)\\&=w_e\frac{1+r}{r}+\frac{H+F}{r}\end{aligned} \tag{1.22}$$

失业者每期的劳动报酬与其保留工资相同。因此，失业者的劳动报酬为：

$$Y_0=\sum_{i=1}^{\infty}\left[\frac{1}{1+r}\right]\hat{w}=\hat{w}\frac{1+r}{r} \tag{1.23}$$

如果成为"内部人"更好，那么 $Y_0<Y_1$，失业将通过降低 w_e 使得 Y_1 下降，达到均衡时，就业者的劳动报酬等于失业者，即 $Y_1=Y_0$，因此有：

$$w_e = \hat{w} - \frac{H+F}{1+r} \tag{1.24}$$

因此,"内部人"的劳动报酬为 $w_e + H + F = \hat{w} + r(H+F)/(1+r)$。根据式(1.13)和(1.16),可得到:

$$M(Z, \bar{L}) = \hat{w} + H\frac{r}{1+r} \tag{1.25}$$

但是,现实经济中最低工资制度等因素不可能使得进入时的劳动报酬降低到均衡水平,导致上述结论不成立。w_e 相当于是外生给定的,并且等于保留工资 $\hat{w}$,解雇成本会降低均衡状态下的就业水平。将上述分析过程应用于分析签订劳动合同和未签订劳动合同对劳动者劳动报酬的影响问题中,签订劳动合同的劳动者相当于"内部人",未签订劳动合同的劳动者相当于"外部人",由于解雇成本的存在,会使得保留工资在最低工资以下的劳动者失业,签订劳动合同劳动者具有更多的劳动报酬讨价还价的能力,因此可以获得比未签订劳动合同工人更高的"内部人"劳动报酬。

三、效率工资理论

效率工资理论(Efficiency Wage Theory)是研究非制度性因素导致劳动力市场分割的典型。效率工资理论最早在20世纪70年代末由美国经济学家迈克尔·斯宾塞(A. Spence)和约瑟夫·斯蒂格利茨(J. Stiglitz)提出,是指企业支付给工人高于市场出清水平的工资。效率工资理论主要研究工人生产效率和工资率之间的关系,是为解释工资刚性和非自愿失业而提出的宏观经济理论,其基本思想是劳动者的工资水平决定劳动者的生产率。

(一) Solow 模型

1979年,经济学家Solow率先构造了一个效率工资理论的基本模型,用以解释工资粘性和均衡失业。

假定劳动力市场中存在 M 个竞争性企业,则代表性企业的利润为可表示为:

$$\pi = Y - wL \tag{1.26}$$

在不存在其他生产要素的情况下,企业的产量则仅取决于效率劳动力的数量:

$$Y = F(eL) \quad F(eL) > 0 \quad F'(eL) < 0 \tag{1.27}$$

假定劳动者的努力程度完全由劳动报酬水平决定,表示为:

$$e = e(w) \quad e(w) > 0 \tag{1.28}$$

假设在劳动力市场中存在 L 个同质的劳动力,每人提供 1 单位劳动,代表性企业利润最大化函数可表示为:

$$\max_{L, w} F(e(w)L) - wL \tag{1.29}$$

如果劳动力市场中存在剩余劳动者,即存在超额劳动供给,企业就可以自由决定劳动报酬水平;如果不存在剩余劳动者,该企业至少支付与其他企业相同的劳动报酬,利润函数对 L 和 w 进行一阶求导:

$$F'(e(w)L)e(w) - w = 0 \tag{1.30}$$

$$F'(e(w)L)e(w)L - L = 0 \tag{1.31}$$

根据式(1.30)和式(1.31)求解可得:

$$\frac{we(w)}{e(w)} = 1 \tag{1.32}$$

式(1.32)左侧表示的是努力程度的劳动报酬弹性,企业制定的劳动报酬水平使得努力程度的劳动报酬弹性为 1 时,满足式(1.32)的劳动报酬成为效率工资,又称为索洛条件(戴维·罗默,1999)。

效率工资理论认为,支付比外部劳动力市场出清的劳动报酬水平更高的劳动报酬,劳动力的总体成本可能是最小的,企业能够获取更多的利润。戴维·罗默给出的几个重要的原因分别为:(1)高劳动报酬能够增加劳动者的食物消费;(2)高劳动报酬减少了劳动者的流动性;(3)高劳动报酬可以吸引具有较高能力的劳动者;(4)效率工资提高了劳动者怠工被发现之后被解雇的机会成本。

(二) Shapiro-Stiglitz 模型

该模型由 Shapiro 和 Stiglitz(1984)建立,也称为"怠工模型"(shirking model)。Shapiro-Stiglitz 模型对 Solow 模型进行扩展,效率工资是从厂商利润最大化的行为中推导出来的。努力程度不仅仅取决于厂商支付的实际劳动报酬,而是引入了另外两个变量:失业和失业补助。因此,新的努力函数为 $E=E(w,u,x)$。

假设有数量为 n 的同质劳动力,劳动者的效用函数为 $u(w,E)$。其中,w 为劳动者的劳动报酬水平,E 表示努力程度。对模型进行简化,假设效用函数是可微分的,劳动者风险中立,劳动者付出的努力越多,其效用水平越低,因此 $u(w,E)<0$。劳动报酬水平越高,劳动者的效用越大,有 $u(w,E)>0$。如果假设效用函数是劳动报酬水平和劳动者努力程度的线性函数,那么可简化为 $u=w-E$。假设劳动者的努力程度要么为 0,要么大于 0。当劳动者怠工被解雇时将获得失业救济金为 w_u。

劳动者在每一个时刻都面临被雇用或被解雇。在单位时间内因除了偷懒以外的原因被解雇的劳动者比例为 x,且 x 是外生的,劳动者面临的选择只有偷懒和不偷懒。如果努力工作且不偷懒,劳动者将被留用,直至由于外生因素导致其失业。假设偷懒被发现的概率为 z,而且将被解雇,获得 w_u 的失业救济金。劳动者在是否偷懒之间进行决策,即比较两种决策的期望效用。贴现率为 $\phi>0$，令 C_{se} 表示怠工的期望效用值，C_{ne} 为不怠工的期望效用值，C_u 为失业者的期望效用值。因此，对于怠工的劳动者有：

$$\phi C_{se} = w + (x+z)(C_u - C_{se}) \tag{1.33}$$

或者表示为：

$$C_{se} = \frac{w + (x+z)C_u + [1-(x+z)]C_{se}}{1+\phi}$$

对于不怠工的劳动者则有：

$$\phi C_{ne} = (w-E) + x(C_u - C_{ne}) \tag{1.34}$$

或者可表示为：

$$C_{ne} = \frac{w - E + xC_u + (1-x)C_{ne}}{1+\phi}$$

从式(1.33)和式(1.34)可以解得：

$$C_{se} = \frac{w + (x+z)C_u}{\phi + x + z} \tag{1.35}$$

$$C_{ne} = \frac{(w-E) + xC_u}{\phi + x} \tag{1.36}$$

当 $C_{ne} \geqslant C_{se}$ 时，劳动者才会选择不偷懒，因此被称为不偷懒条件，将式(1.35)和式(1.36)代入不偷懒条件中，可得：

$$w \geqslant \phi C_u + (\phi + x + z)\frac{E}{z} \equiv \hat{w} \tag{1.37}$$

则 $\hat{w}$ 称为偷懒或者不偷懒的"临界工资"。不偷懒的条件也可表示为 $z(C_{se} - C_u) \geqslant E$，意味着除非在发现劳动者偷懒时将其解雇，或者事先约定处罚，否则人人都会偷懒。换言之，如果每个劳动者失业后能够很快地找到新的工作,即$C_{se}=C_u$,那么 NSC 条件则不会得到满足。由式(1.37)式可知,如果企业支付的实际劳动报酬水平低于临界工资值,劳动者将选择偷懒。为了激励劳动者,企业支付的劳动报酬须高于临界工资。

假设有 I 个企业,$i=1,2,3,\cdots,I$。每个企业的生产函数可表示为 $y_i=f(l_i)$,整个市场中的总生产函数 $Y_i=F(l)=\max_{\{l\}}\sum f_i(l_i)$。其中,$l_i$ 是企业 i 的有效劳动数量。为简化起见,假设不偷懒的劳动者可以提供 1 单位的有效劳动,偷懒劳动者做无用功,同时假设企业的监督技术是外生的。当企业在发现劳动者偷懒时,最优的决策为解雇该劳动者。

显然,企业将在法律允许的范围内尽可能地压低失业救济金。w_u 的上升将增加 C_u,于是要求更高的劳动报酬 w 才能满足不怠工条件。在提供法律允许的最低 w_u 时,企业支付 $\hat{w}$ 来满足不怠工条件,企业的劳动力需求由每一个新雇佣的劳动者边际产量等于边际成本所决定。

假设重新就业概率为 g,C_e 为受雇佣劳动者的期望效用水平,在达到均衡时,有 $C_e=C_{ne}$。因此有如下等式:

$$\phi C_e = w_u + g(C_e - C_u) \tag{1.38}$$

联立式(1.34)和式(1.36)可得:

$$\phi C_e = \frac{(w-E)(g+\phi)+wx}{g+x+\phi} \tag{1.39}$$

$$\phi C_u = \frac{(w-E)(g+\phi)+w_u(x+\phi)}{g+x+\phi} \tag{1.40}$$

将式(1.38)代入式(1.34)(NSC 条件)中,可得到:

$$w \geqslant w_u + E + (g+x+\phi)\frac{E}{z} \equiv \hat{w} \tag{1.41}$$

稳态的社会经济下,失业的流入量等于流出量,即:

$$xl = g(n-l) \tag{1.42}$$

把式(1.42)代入式(1.41)可得:

$$w \geqslant w_u + E + \left[\frac{xn}{n-l} + \phi\right]\frac{E}{z} = E + w_u + \frac{E}{z}(x/u + \phi) \equiv \hat{w} \tag{1.43}$$

其中,失业率为 $u=(n-l)/n$。图1-7表述了式(1.43)所包含的NSC总条件。当 $l=n$ 时,$g=+\infty$,换句话说,怠工是每个劳动者的最优解,当 $l=0$ 时,$\hat{w} = E + w_u + \frac{E}{z}(X+\phi)$。

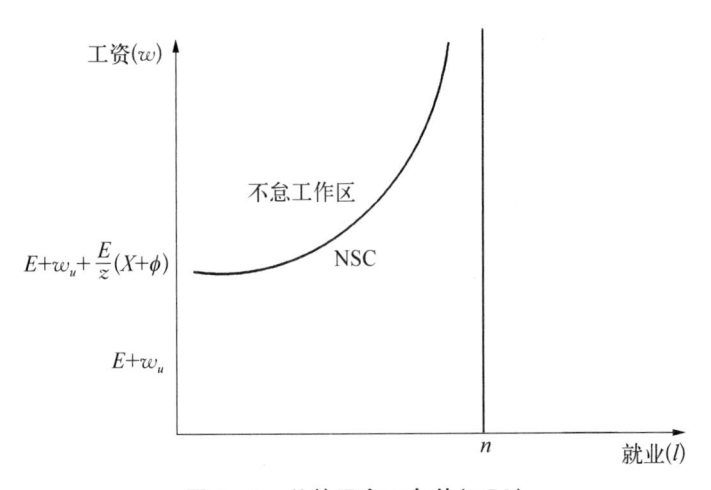

图1-7 总的无怠工条件(NSC)

为了简化模型,假设 $w_u = 0$,厂商为预防劳动者怠工,而必须支付 $\hat{w}$ 的工资,因此,均衡就业数量由 $F'(l) = \hat{w}$ 决定,即:

$$F'(l) = E + \frac{E}{z}(xn/(n-l) + \phi) \tag{1.44}$$

根据式(1.44)可以求解出 l,得到不怠工约束条件下的劳动力需求量,

即均衡就业数量 l^*，再将均衡就业数量 l^* 代入到式(1.43)中，即可求得均衡工资 w^*。企业支付高于市场出清水平的工资，是激励劳动者不偷懒的有效手段。

(三) 劳动力转换模型

劳动力转换模型又称为工作转换模型，该模型由斯蒂格利茨和夏洛普提出，在解释效率工资的作用机制方面同样占据非常重要的地位。劳动力转换模型主要强调劳动者的工作转换将会给企业带来一定的经济损失，因为招聘新的员工需要招聘费用，并且对新员工进行培训需要一定的培训费用。为了避免劳动者工作转换增加企业经营成本，企业具有降低劳动者工作转换率的动机，而最直接且有效的手段就是提高劳动者的劳动报酬。

该模型假设企业的生产函数为 $Q=Q(L)$，假设因劳动者的工作转换带来的经济损失为固定值 T，特定时期劳动者的辞职率为 q，辞职函数为 $q=q(w_i/w)$，q 与该企业与其他企业的平均劳动报酬相对值有关。因此，每个劳动者的利润函数可表示为：

$$\pi/L = p \cdot Q(L)/L - w_i - q(w_i/w) \cdot T \tag{1.45}$$

此时，企业的成本是由劳动报酬和工作转换成本决定的。计算利润函数对劳动报酬水平的一阶导数可得：

$$-q'(w_i/w) \cdot T = 1 \tag{1.46}$$

由式(1.46)可知，在因劳动报酬增加而降低的工作转换成本的边际值等于 1 时，企业实现了最优的劳动报酬。该模型表明，如果企业意图降低工作转换率，必须支付较高的劳动报酬。

四、劳动合同与效率工资理论

在 Shapiro-Stiglitz 模型（怠工模型）的基础上，Bulow 和 Summers

(1986)在二元劳动力市场模型中分析劳动合同对工资的影响。该模型假定次级劳动力市场中的劳动者能够完全被监督,而一级劳动力市场中的劳动者不仅不能被完全监督,而且其监督成本较高。根据效率工资理论,在劳动者的生产力不能够被厂商完全监督的条件下,劳动者可能采取偷懒的行为,而雇主可以通过提高劳动报酬水平来增加劳动者因怠工而被解雇的效用损失,激励劳动者努力工作。由于一级劳动力市场劳动者是不能够被完全监督的,因而他们的劳动报酬水平高于市场出清时的劳动报酬水平,而次级劳动力市场中劳动者是可以完全被监督的,因此其获得的劳动报酬水平等于其边际劳动生产率。因此,在均衡状态下,一级劳动力市场的劳动报酬水平高于次级劳动力市场。显然,在均衡状态下,从事相同工作且具有相同劳动生产率水平的劳动者,会因其所处不同的劳动力市场而获得不同的工资。此外,Bulow 和 Summers(1986)认为,对待某一特定群体的歧视,在分割的劳动力市场中是长期存在的。

Rebitzer 和 Taylor(1991)应用二元劳动力市场理论,分析信息不对称环境下不同期限类型劳动合同的劳动报酬差异。假定企业以签订劳动合同和不签订劳动合同两种形式雇用同质劳动力,签订劳动合同为主要的形式,而不签订劳动合同为次要的用工形式,由于不签订劳动合同为临时雇佣,工作期限短,因此,对于不签订劳动合同的劳动者而言,偷懒没有损失,因而他们追求效用最大化的结果是不努力工作,企业会支付无劳动合同劳动者市场出清工资 w_2;相反,对于签订劳动合同的劳动者,雇佣期限长,企业只有发现劳动者偷懒或产品需求下降时才会解雇签订劳动合同的劳动者,企业向签订劳动合同劳动者支付的工资为 w_1。

假设劳动者的努力程度分为"高"和"低",在任意的时间企业都可以确定劳动者是否以他们最低的努力程度工作,但是企业只能在 $D < 1$ 的概率下判断劳动者是否以"高"的努力程度工作。依据 Shapiro 和 Stiglitz(1984)以及 Bulow 和 Summers(1986)假定"高"为风险中立的,"高"的效用可以表

示为劳动报酬 w 和努力程度 e 的函数：

$$u(w, e) = w - e \tag{1.47}$$

当劳动者努力工作时努力程度为 e_1，劳动者偷懒时努力程度为 e_2，$e_1 > e_2$。

当产品需求下降时，签订劳动合同劳动者可能被裁员。假定没有偷懒的签订劳动合同劳动者在下一期被留用的概率为 $\lambda < 1$。如果被裁员的签订劳动合同劳动者总能找到临时的工作，那么，没有偷懒的签订劳动合同劳动者的期望效用的现值为：

$$V^N = u(w_1, e_1) + \frac{\lambda V^N}{1+r} + \frac{(1-\lambda)V^C}{1+r} \tag{1.48}$$

其中，r 为劳动者的贴现率，V^N 为签订劳动合同者不怠工时的期望效用，V^C 为未签订劳动合同者的期望效用。

怠工的劳动者被发现并被解雇的概率为 D。因此，选择怠工的劳动者在签订劳动合同工作中被留用的概率从 λ 降低为 $\lambda(1-D)$，在签订劳动合同下偷懒的劳动者的期望效用为：

$$V^S = u(w_1, e_2) + \frac{\lambda(1-D)V^S}{1+r} + \frac{(1-\lambda)(1-D)V^C}{1+r} \tag{1.49}$$

未签订劳动合同劳动者工作怠工并获得市场出清劳动报酬 w_2，假设未签订劳动合同劳动者有 s 的概率签订劳动合同，那么他们的期望效用为：

$$V^C = u(w_2, e_2) + \frac{sV^N}{1+r} + \frac{(1-s)V^C}{1+r} \tag{1.50}$$

为使已签订劳动合同劳动者不怠工，他们的效用应满足 $V^N - V^S \geqslant 0$，由以上 3 个期望效用方程可解得签订劳动合同劳动者不怠工的劳动报酬为：

$$w_1 = w_2 + e_1 - e_2 + [(e_1 - e_2)(1 + r + s - \lambda)/D\lambda] \quad (1.51)$$

签订劳动合同劳动者不怠工的条件有两个重要的含义：(1)签订劳动合同劳动者的劳动报酬高于未签订劳动合同劳动者的劳动报酬,因此在现行的劳动报酬水平下对于签订劳动合同的工作存在超额劳动供给。(2)签订劳动合同劳动者的劳动报酬为其被留用的概率的减函数,因为劳动者被留用的概率越高,如果劳动者选择怠工产生的净损失越大,企业需要支付的劳动报酬越低。在其他条件不变的情况下,企业会降低签订劳动合同劳动者被裁员的概率。

因此,根据效率工资理论,为引导劳动者努力工作,签订劳动合同劳动者的劳动报酬高于未签订劳动合同劳动者,劳动报酬差异大小与签订劳动合同劳动者的留用概率负相关。Güell(2001)应用效率工资理论研究固定期限劳动合同对劳动力市场就业水平的影响,结果表明固定期限劳动合同作为永久劳动合同的"跳板"将会提高就业水平,但总的就业水平和固定期限劳动合同的份额受到解雇成本和工资弹性的影响。

第四节 试 用 期 理 论

在雇佣关系发生之前,企业对劳动者的能力是不完全了解的,因此未签订劳动合同工作可以作为试用期,之后根据工人的表现以及劳动力需求,企业会选择与能力符合要求的劳动者签订劳动合同。Loh(1994)将试用期作为一个筛选机制构建模型。

企业需要有能力的劳动者 S 来生产产品。在每一期,企业都需要替换固定比例为 α 的退休工人,雇用 L 个新工人。假定每个工人生产 H 的产品,那么有 $S\alpha = HL$。所有劳动者的雇用分为两个阶段,包括培训阶段和生产阶段,在第一阶段企业会观察劳动者的能力,并且能够在第一阶段结束时确定他们的实际能力。企业将解雇能力在可接受水平 Θ^* 以下的劳动者。那么,在企业中,劳动者被解雇的概率可表示为:

$$P(\Theta^*) = \int_0^{\Theta^*} g(\Theta) d(\Theta) = G(\Theta^*) \tag{1.52}$$

其中,$g(\Theta)$ 为 Θ 的概率密度函数,$G(\Theta^*)$ 为累积概率密度函数,如果企业不对劳动者进行监督,那么 $P(\Theta^*) = 0$。

假设企业有两种选择,即监督劳动者和不监督劳动者,监督劳动者时 $M=1$,不监督劳动者时 $M=0$。假设企业中劳动者两阶段的工资率分别为 w_{1M} 和 w_{2M}($M=0$ 或者 1),并且 $w_{10}=w_{11}$,即两种工作的初始工资相同。那么有 $\Delta W = w_{21} - w_{20} > 0$,因为企业需要对工人被解雇的风险(在 $M=1$ 类型的工作中 $P(\Theta^*) > 0$)进行补偿。对应于 $M=1$ 类型工作较高工资成本的回报,该工作比 $M=0$ 的工作更加能够吸引平均能力更高的劳动者,即 $E(\Theta|P>0) > E(\Theta|P=0)$。因此,对于给定的培训水平 T,$M=1$ 类型的工作每单位培训获得的技能更多,表示为 $H/T = \beta_1$;而对应 $M=0$ 类型的工作,每一单位培训获得的工作技能表示为 $H/T = \beta_0$,其中 $\beta_1 > \beta_0$。如果企业监督劳动者获得的净收益是正的,那么企业就会监督劳动者,即 $B = (\beta_1 - \beta_0)z/(1+r) - m > \Delta W/(1+r)$,其中,$z$ 为第二阶段额外增加一单位技能获得的边际收益产品,m 为企业的监督成本,r 为固定贴现率。如果企业选择监督劳动者,需要新雇用劳动者的数量为 $L_{d1} = \alpha S/\beta_1 T = \varsigma/\beta_1$,$\varsigma = \alpha S/T$。

假定企业的监督成本随 pdf $v(m)$ 变化,那么对于给定值 β_1、β_0、r 和 z,企业监督劳动者的利润 B 随 $v(B)$ 变化,那么企业监督劳动者的概率可表示为:

$$N_{d1} = \int_{\Delta W}^{\infty} \upsilon(B) \mathrm{d}B = 1 - V(\Delta W) \tag{1.53}$$

其中，$V(\Delta W)$ 为概率累积密度函数。如果劳动力市场中的企业是同质的，那么每期都会雇用 $\varsigma N_{d1} F$ 的新劳动者，F 表示劳动力市场中企业的数量。如果对员工进行监督的企业与不监督的企业不同，他们总劳动需求函数应为 N_{d1} 的单调增函数：

$$L_{d1}^{T} = h(N_{d1}), \ h' > 0 \tag{1.54}$$

从劳动者的角度，新雇用的劳动者在所有的企业中的生产率是相同的，员工只有在提供培训的企业中生产率更高，即接受培训的劳动者的生产率高于新雇用的劳动者的生产率。劳动者的能力影响他所需培训的数量，并不影响培训后的生产率，较好的工人需要更少的培训，对于工人 i 和 j，如果 $\Theta_i > \Theta_j$，那么 $P(\Theta_i) < P(\Theta_j)$，员工 i 被解雇的概率更低。假设工人是风险中性的，他们追求两期总贴现消费函数最大化：

$$c_1 = c_{11} + c_{21}(1 - P(\Theta))/(1 + r), \ M = 1$$
$$c_0 = c_{10} + c_{20}/(1 + r), \ M = 0$$

其中，c 表示消费。如果劳动者选择 $M=1$ 类型的工作，给定 Θ 时，$P(\Theta)$ 为被解雇的概率。消费为全部的工资收入，没有储蓄。由于假定所有工作的初始工资相同，那么 $c_{11} = c_{10}$。但是由于 $P(\Theta) > 0$，为了吸引工人选择 $M=1$ 类型的工作，则 $C = c_{21} - c_{20}$ 必须是大于 0 的。每一个劳动者的 C 不同，因为不同能力劳动者通过试用期的激励不同。能力强的工人需要的激励小于能力差的工人，因为在其他条件不变的情况下，他们被解雇的概率较低（$P(\Theta)$ 是 Θ 的减函数），因此 C 是 Θ 的递减函数。

ΔW 表示企业的支付。如果 $C < \Delta W$，工人会选择 $M=1$ 类型的工作，所有能力超过 $M=1$ 类型工作设定标准的工人会选择带有试用期的工作。

因为 C 取决于 Θ，是 Θ 累积概率密度函数的随机变量，即 $g(C)$。对于固定的 ΔW，工人选择 $M=1$ 工作的概率为：

$$L_{s1} = \int_0^{\Delta W} g(C)\mathrm{d}C = G(\Delta W) \tag{1.55}$$

剩余的工人 $1-G(\Delta W)$ 会选择 $M=0$ 类型的工作。

当 ΔW 设定在两种类型的工作供给和需求相等的时候，竞争性劳动力市场实现均衡。任何的劳动者的过度或者缺乏都可以通过工资的差异进行调整。ΔW 的大小仅仅补偿了选择 $M=1$ 类型工作的劳动者被解雇的风险。市场均衡的一个特征是有能力的劳动者会选择有试用期的工作，而能力较弱的劳动者会直接选择没有试用期的工作。劳动者的选择可表示如下：给定 ΔW，选择 $M=1$ 类型工作的劳动者的平均值 C 可表示为条件期望的形式：

$$\begin{aligned} E(C|M=1) &= E(C'+\varepsilon \mid C'+\varepsilon < \Delta W) \\ &= C' + E(\varepsilon \mid \varepsilon < \Delta W - C') \end{aligned} \tag{1.56}$$

其中，C' 表示总体均值，ε 为随机误差项，且 $\varepsilon \sim N(0,\sigma^2)$，将 σ 分为两项可得：

$$\begin{aligned} E(C|M=1) &= C' + \sigma E(\varepsilon/\sigma \mid (\varepsilon < \Delta W - C')/\sigma) \\ &= C' - \sigma\phi((\varepsilon \leqslant \Delta W - C')/\sigma)/ \\ &\quad \Phi((\varepsilon \leqslant \Delta W - C')/\sigma) \end{aligned} \tag{1.57}$$

其中，式 1.57 由截尾正态分布得出，并且 $\phi(\cdot)$ 表示概率密度函数，$\Phi(\cdot)$ 表示累积概率密度函数，$-\sigma\phi((\varepsilon \leqslant \Delta W - C')/\sigma)/\Phi((\varepsilon \leqslant \Delta W - C')/\sigma)$ 表示选择 $M=1$ 类型工作的劳动者能力比整体劳动者高的部分。因此，市场均衡表明劳动能力强的工人会选择具有试用期的工作，而劳动能力差的工人会选择没有试用期的工作。

Loh(1994)得出选入试用期工作的劳动者具有更强的工作能力,是因为工作能力较差的劳动者预期到其在试用期结束被留用的概率较小,因此不倾向于接受具有试用期的工作,因而更愿意选择没有试用期直接签订劳动合同的工作;而具有较高工作能力的劳动者预期其在试用期结束后被留用的概率较高,因此更愿意接受具有试用期的工作,在试用期结束后再签订劳动合同。企业采用较低劳动报酬的不签订劳动合同工作对劳动者进行自动筛选,不签订劳动合同期间较低的劳动报酬通过签订劳动合同以后更高的劳动报酬进行补偿。

虽然法律允许一定期限的试用期,但是通常时间较短,对于特定工作或者劳动者,观测工作匹配度所需的时间长短不同。如果在法律允许的试用期内,企业无法清晰地判断劳动者与工作岗位的匹配度,企业会通过临时劳动合同来延长试用期,达到对劳动者进行进一步筛选的目的。Blandchard 和 Landier(2002)、Wang 和 Weiss(1998)也指出,如果劳动者与工作的匹配程度的信息在雇佣关系发生时无法完全观测到,那么签订固定期限类型劳动合同(临时劳动合同)的工作可以发挥试用期的作用。

因此,在不签订劳动合同的工作岗位中,企业不了解劳动者的劳动生产率水平,因而会支付较低的劳动报酬。在确认了劳动者的劳动生产率以后,如果企业选择签订劳动合同,企业根据劳动者的生产率将支付更高的劳动报酬进行补偿,即签订劳动合同者的劳动报酬水平高于未签订劳动合同者。

综上,无论是从劳动者的自选择效应出发还是从企业选择效应角度出发,试用期理论都认为,控制了劳动者的生产率特征和工作的其他相关特征后,签订劳动合同劳动者的劳动报酬高于未签订劳动合同劳动者的劳动报酬。

第二章 劳动合同收入效应经验研究方法和结果回顾

20世纪70年代中期,欧洲国家出现了劳动力市场僵化问题,失业率持续处于较高的水平,众多学者关注到严格的就业保护制度与失业率之间的关系。欧洲各国依据本国状况放松了就业保护的强度,尤其是放松了对固定期限劳动合同的使用,例如西班牙、法国、意大利、葡萄牙和德国,在不影响永久期限合同工人的前提下应用固定期限劳动合同来降低雇佣成本和居高不下的失业率水平(Saint-Paul,2004)。自20世纪80年代放松固定期限劳动合同使用以来,大量的劳动经济学者开始关注签订不同期限类型劳动合同劳动者的工资差异问题。

OECD(2002)指出,OECD国家在临时劳动合同的运用和进展方面存在明显的多样性,但是却表现出相同的特征:接受临时工作的劳动者更加年轻并且具有较低的受教育程度,他们通常从事低技能型的工作,并且就职于规模较小的企业。依据补偿性工资差异理论,在完全竞争市场中,原则上认为市场会给予处于"不利条件"下的劳动者以补偿。固定期限劳动合同较于永久劳动合同工人具有许多明显的劣势:较高失业的概率、较低的福利水平及较强的不稳定性(OECD,2004)。然而,迄今为止,鲜有实证研究结果表明市场对固定期限劳动合同工人的补偿。相反,固定期限劳动合同工人的工资水平显著低于永久合同工人的工资(OECD,2004)。本章将对劳动合同收入效应的实证研究方法和研究结果进行梳理。

第一节 Mincer 方程

一、基于 Mincer 方程回归方法

Mincer(1974)提出了一个从人力资本理论模型推导而来的工资方程,即在人力资本理论的框架下,对劳动合同收入效应的经验研究方法最初是基于 Mincer 方程。因此,劳动者的劳动报酬方程可表示为:

$$\ln w = \beta_0 X + \beta_1 T + \varepsilon \tag{2.1}$$

其中,$\ln w$ 表示劳动者小时劳动报酬的对数,X 表示影响劳动者劳动报酬水平的解释变量,β_0 为其回归系数,T 表示劳动合同变量,$T=0$ 表示未签订劳动合同,$T=1$ 表示已签订劳动合同,β_1 为其回归系数,ε 为随机误差项,且有 $\varepsilon \sim N(0,\sigma^2)$。

应用最小二乘(OLS)回归方法对(2.1)式进行回归,可得到劳动合同签订对劳动者劳动报酬的影响为 $\hat{\beta}_1$。

诸多关于劳动合同签订影响因素的研究均表明,劳动合同签订受到人力资本、企业特征、工作特征及能力等因素的影响,人力资本水平较高的劳动者更容易获得劳动合同。然而,以上因素同时影响劳动者的劳动报酬的获得,因此劳动报酬方程存在内生性的问题。由于劳动合同签订具有自选择性,Mincer 方程中的一些解释变量与劳动合同签订决策具有相关性,因此模型存在样本选择偏差的问题,应用普通最小二乘回归(OLS)方法对劳动合同的收入效应进行估计将得到有偏的估计。同时,由于个体间相互作用以及宏观经济运行趋势的干扰,回归方法的估计通常存在内外部有效性的问题(Meyer,1995)。

二、基于 Mincer 方程劳动合同收入效应的经验研究

Jimeno 和 Toharia(1993)基于西班牙的统计数据,研究固定期限劳动合同对工资的影响,研究结果表明固定期限劳动合同与永久劳动合同工人之间的工资差异明显存在,1991 年永久劳动合同工人工资较固定期限劳动合同工人工资高 10.8%,1993 年为 8.5%。Schömann 和 Kruppe(1993,1994)、Bentolila 和 Dolado(1994)的实证研究结果与之相同。Giesecke 和 Groß(2004)基于德国的调查数据研究发现,高受教育程度样本签订固定期限劳动合同和永久劳动合同的工资差异更大,可能是因为高受教育程度的劳动力会选择初始工资较低但更有发展前景(签订永久合同概率较高或者更高的工资增长)的工作。De la Rica(2006)应用最小二乘回归方法,研究表明固定期限劳动合同与永久劳动合同工人的工资差异,固定期限劳动合同与永久劳动合同工人的统计性工资差异为 12%,在控制了个体特征之后,工资差异上升为 15%。Hagen(2002)应用 1999 年德国社会经济面板(German Socio-Economic Panel,GSOEP)调查数据,应用最小二乘回归方法对固定期限劳动合同的工资效应问题进行研究,结果表明固定期限劳动合同工人工资较永久劳动合同工人的工资低 10.5%,但是由于传统就业样本选择偏差及劳动合同内生性的选择偏差问题的存在,该估计结果可能是有偏的。

Booth 等(2002)依据 1991—1997 年英国住户调查面板调查(British Household Panel Survey,BHPS)数据,应用普通最小二乘回归方法和固定效应模型对固定期限劳动合同的工资效应进行分析,结果表明对于男性工人而言,临时劳动合同工人的工资比永久合同工人的工资低 16%,女性低 13%。同时,研究结果还表明,临时合同只是永久合同的过渡。通过定量分析得出一般在 1.5～3.5 年后临时合同工人会签订永久劳动合同,而且临时工人的工作满意度较差,接受培训的机会较少。从长期来看,对于女性而

言,开始从事固定期限工作后签订永久合同的,获得的工资水平与工作之初签订永久合同的工资水平是无差异的;而对于男性则不同,男性工资将损失5%。关于男性与女性之间的差异,Weiss 和 Gronau(1981)提出由于女性的事业受到家庭的约束,因此有能力的女性相对于男性会更加倾向于选择固定期限劳动合同的工作,使得永久劳动合同和固定期限劳动合同女性劳动者之间的工资差异较小。Cranford 等(2003)认为在永久劳动合同工作中,女性本身相对于男性就较少享受在工资、工作条件、工作稳定性等方面的特权;Giesecke 和 Groß(2004)的研究也得到了相似的研究结论;Paull(1997)认为女性劳动力年资回报显著高于男性,这会影响男性和女性对劳动合同形式的选择。

Blanchard 和 Landier(2002)基于 20 世纪 90 年代的数据,应用普通最小二乘回归方法研究固定期限劳动合同对法国 20~24 岁劳动力的影响,发现固定期限劳动合同工作的工作条件较差,福利水平较低;在 1990 年代初期,工资差异不断上升,但是在 1990 年代末,工资差异出现下降;在 1990 年代,固定期限劳动合同转变为永久劳动合同的比例在下降,但是固定期限劳动合同比例在上升。

Brown 和 Sessions(2003)应用 1997 年英国社会态度调查(British Social Attitudes Survey,BSAS)数据,基于 Mincer 方程的回归方法研究收入、教育和固定期限劳动合同之间的关系,研究结果表明固定期限劳动合同工人的小时工资较无固定期限劳动合同工人的小时工资低约 13%。Mertens 和 McGinnity(2004)的研究表明西班牙男性的工资差异为 14%左右,女性为 7%~10%。然而,研究发现在控制了个体异质性后工资差异显著降低,得出男性的工资差异为 6%,女性的工资差异为 4%。

Picchio(2006)基于 2002 年 SHIW 调查数据对意大利劳动力市场中临时合同和永久合同工人工资差异问题进行研究,最小二乘回归方法的研究结果表明临时合同工人的工资低于永久合同工人的工资 3%,但不显著。

应用工具变量方法进行回归后得出临时合同工资比永久合同工人工资低20％，说明劳动合同选择是具有内生性的。Vanderploeg等（2010）基于1995—2001年的ECHP数据，应用固定效应回归模型分析意大利固定期限合同对劳动者工资的影响问题，研究结果表明在控制了社会人口统计学特征、工作历史和工作特征以后，固定期限劳动合同工资较永久劳动合同工资低9％左右；基于SHIW 2004—2006年的数据研究发现工资差异为9％～12％，应用IT-SILC 2004—2006年的研究结果也基本相同。Ghinetti（2013）基于1995—2001年意大利的调查数据，应用固定效应回归模型分别研究继续留任原企业和离开原企业工人的年度工资增长问题，研究结果表明对于离开原企业的工人而言，临时劳动合同工人的工资增长低于永久合同工人的工资增长，而对于留任原企业的工人而言，临时合同和永久合同工人的工资增长基本没有差异。

Abadía Alvarado（2014）基于哥伦比亚国家统计局的住户调查数据，应用最小二乘回归方法的研究发现，固定期限劳动合同工人的工资较永久劳动合同工人的工资低43％，在控制了个体特征和工作特征的异质性之后，工资差异仍然存在，为10％左右。由于劳动合同选择具有内生性，应用工具变量研究方法解决模型的内生性问题，研究结果表明固定期限劳动合同工人的工资较永久劳动合同工人的工资低14.6％。Kahn（2016）基于13个国家1995—2001年ECHP数据，应用固定效应回归模型对永久劳动合同的工资溢价问题进行研究，结果表明，永久劳动合同工人的工资明显高于固定期限劳动合同工人的工资，但是在不同的工人群体中存在异质性：在男性中，年龄在35岁以上的工人及本地工人永久劳动合同的工资溢价较低；对于女性而言，年纪较大的和年资较长的工人的工资溢价较低；总体来看，男性工人永久劳动合同的工资溢价略高于女性。

在中国，对劳动合同签订的影响因素及劳动合同的工资效应的研究起步较晚，主要缘于劳动力市场制度并未完善，劳动合同签订问题并未引起广泛关注。刘辉和周慧文(2007)依据杭州市进城务工人员专项调查数据,发现近60%的进城务工人员没有签订书面劳动合同,进城务工人员劳动合同签订与其所在企业的性质、规模、企业所在行业等有关。提高进城务工人员劳动合同的签订率,保障进城务工人员的合法权益刻不容缓。

姚先国和赖普清(2004)依据2003年和2004年浙江省调查数据,应用最小二乘法对工资方程进行回归指出,对于城镇工而言,劳动合同签订使得工资水平提升27%,但是签订和未签订的农民工工资并不存在显著的差异。刘林平和张春泥(2007)基于2006年珠三角地区企业农民工调查数据,应用最小二乘回归方法,对农民工的研究结果与之相同,认为是否签订劳动合同对农民工工资的影响不显著。林伟等(2015)认为研究结论之所以与理论预期不同,很大程度上是由于当时的劳动合同仅仅是软性约束,权益保障的价值并不突出。

自2008年1月1日《劳动合同法》实施以来,劳动合同问题引起学者的广泛讨论,但主要集中于政策合理性方面,经济学范畴的讨论极少,加之微观调查数据的匮乏,相关研究并不多见。《劳动合同法》更加强化刚性约束,劳动合同的意义随之发生较大变化,基于新形势下的调查数据进行的研究大都支持劳动合同签订能够明显提升劳动者工资的结论。

陈祎和刘阳阳(2010)基于"在京进城务工人员收入和社会网络状况调查"数据,应用普通最小二乘回归方法研究劳动合同对进城务工人员收入的影响,指出在控制了进城务工人员的个体异质性和工作特征的异质性之后,劳动合同使得进城务工人员的月收入提升了10.5%,小时收入提升了15.5%;但是由于劳动合同变量是内生变量,应用最小二乘估计会带来估计偏差,应用代理变量方法解决变量内生性的问题后,劳动合同对于进城务工人员的收入依然有显著的正向影响。谌新民和袁建海(2012)依据2010年东莞市微观调查数据对劳动合同的工资效应问题进行分析,结果表明,签订长期劳动合同的新生代农民工工资明显高于短期劳动合同并高于无劳动合同的新生代农民工。

才国伟和刘冬妍(2014)基于珠三角城市农民工问卷调查数据,应用最小二乘回归对该问题进行研究,结果发现签订劳动合同能够使得农民工的收入增加 5.07%,但这一估计并没有考虑劳动合同签订选择的内生性问题,也没有考虑农民工不可观测的能力的差异;将农民工劳动合同签订概率作为工具变量进行回归后,工具变量法的研究结果表明劳动合同签订将使得农民工的工资提升 42.7%;将农民工劳动合同签订概率作为代理变量加入工资方程,剔除农民工个体的能力差异后,签订劳动合同农民工的工资比未签订劳动合同农民工的工资高 4.89%。

李萍等(2014)以中国广东省佛山市南海区 2 253 个劳动力为样本,应用普通最小二乘回归方法研究劳动合同期限对制造业与非制造业工资差异的影响,结果表明劳动合同期限每增加 1 年,制造业劳动力的工资将提升 1.02%,非制造业劳动力工资将提升 0.82%。林伟等(2015)基于 2013 年国家卫生计生委流动人口动态监测调查数据,应用最小二乘回归方法研究劳动合同形式对农民工工资率的影响,结果表明固定期限劳动合同农民工的工资比未签订劳动合同农民工的工资高 18.5%,无固定期限劳动合同农民工工资比未签订劳动合同农民工的工资高 11.8%;控制农民工群体的个体特征异质性之后,劳动合同签订对农民工工资的提升作用依然显著,固定期限劳动合同签订将使得农民工的工资提高 8.6%,无固定期限劳动合同签订将使得农民工的工资提高 6.8%。

第二节 劳动报酬差异分解方法

一、Oaxaca-Blinder 劳动报酬差异分解方法

1973 年,Oaxaca 和 Blinder 几乎同时提出了工资差异分解方法,为不同

群体之间的工资差异分解提供了依据。结合工资方程 $\ln w_i = X'_i \beta + u_i$, Oaxaca(1973)给出了两类群体之间工资差异的分解方法,因此签订劳动合同和未签订劳动合同劳动者群体的劳动报酬差异可表示为:

$$\ln \bar{w}_t - \ln \bar{w}_c = (\bar{X}'_t \hat{\beta}_t - \bar{X}'_c \hat{\beta}_c) + (\bar{u}_t - \bar{u}_c) \tag{2.2}$$

其中,$\bar{w}_t$ 和 $\bar{w}_c$ 分别表示 t 群体和 c 群体的劳动报酬水平的均值,$\bar{X}_t$ 和 $\bar{X}_c$ 分别表示 t 群体和 c 群体的特征均值向量,$\hat{\beta}_t$ 和 $\hat{\beta}_c$ 分别表示 t 群体和 c 群体劳动报酬方程的回归系数向量。如果在劳动报酬分布的均值上估计劳动报酬方程,那么误差项 $\bar{u}_t - \bar{u}_c = 0$,因此劳动报酬差异可以分解为:

$$\ln \bar{w}_t - \ln \bar{w}_c = \bar{X}'_t \hat{\beta} - \bar{X}'_c \hat{\beta}_c = (\bar{X}'_t - \bar{X}'_c) \hat{\beta}_c + \bar{X}'_t (\hat{\beta}_t - \hat{\beta}_c) \tag{2.3}$$

或者,

$$\ln \bar{w}_t - \ln \bar{w}_c = \bar{X}'_t \hat{\beta} - \bar{X}'_c \hat{\beta}_c = (\bar{X}'_t - \bar{X}'_c) \hat{\beta}_t + \bar{X}'_c (\hat{\beta}_t - \hat{\beta}_c) \tag{2.4}$$

其中,式(2.3)对应于 Oaxaca 分解方法中的情形 1,即不存在歧视时,t 群体和 c 群体的劳动报酬结构与 c 群体是相同的;式(2.4)对应的是 Oaxaca 分解方法中的情形 2,即不存在歧视时,t 群体和 c 群体的劳动报酬结构与 t 群体是相同的。情形 1 意味着如 t 群体将获得的平均劳动报酬低于当前实际获得的劳动报酬,即歧视提高了 t 群体的劳动报酬;反之,情形 2 意味着 c 群体将要获得的平均劳动报酬高于当前实际获得的劳动报酬,即歧视降低了 c 群体的平均劳动报酬。[①]

对应于 Oaxaca 分解方法中的情形 1 和情形 2,可以将两类群体间的劳动报酬差异分解为两部分。其中,一部分是由两类群体的个体特征存在差异导致的劳动报酬水平的差异 $(\bar{X}'_t - \bar{X}'_c) \hat{\beta}_c$ (或者是 $(\bar{X}'_t - \bar{X}'_c) \hat{\beta}_t$),另一部

[①] 由于《劳动法》及《劳动合同法》要求用工单位与劳动者在确立劳动关系时应当签订书面劳动合同,因此签订劳动合同是符合劳动力市场规范的,通常认为签订劳动合同群体的劳动报酬水平更加能够反映劳动力市场对生产力特征的报酬,因此在劳动合同的劳动报酬效应的分析中,通常应用式(2.4)。

分是由劳动力市场的歧视导致的劳动报酬水平的差异 $\overline{X}'_t(\hat{\beta}_t - \hat{\beta}_c)$（或者是 $\overline{X}'_c(\hat{\beta}_t - \hat{\beta}_c)$）。

Blinder(1973)几乎同时提出了不同群体劳动报酬差异的分解方法,其与 Oaxaca 分解形式上的差异是 Blinder 在方程设定时将常数项单独列出,分解结果是完全相同的,因而通常将该方法称为 Oaxaca-Blinder 分解方法。但是,Blinder 的分解方法还着重考察了使用简约型和结构劳动报酬方程对劳动报酬差异分解的影响,并更加重视劳动报酬的决定因素即变量的内生性问题。

二、作为参照的无歧视劳动报酬结构的选择

Oaxaca-Blinder 分解方法在工资差异的研究中得到广泛应用,但是该方法存在的问题是分解结果依赖于无歧视时劳动报酬结构的选择,存在系数基准的问题。因此有学者认为应估计无歧视时的劳动报酬结构,并以此为基准对两群体的劳动报酬差异进行分解。因为两群体的劳动报酬差异还可表示为：

$$\ln \overline{w}_t - \ln \overline{w}_c = \overline{X}'_t \hat{\beta} - \overline{X}'_c \hat{\beta}_c = (\overline{X}'_t - \overline{X}'_c)\beta^* \\ + \overline{X}'_t(\hat{\beta}_t - \beta^*) + \overline{X}'_c(\beta^* - \hat{\beta}_c) \tag{2.5}$$

其中,β^* 表示劳动力市场不存在歧视时的劳动报酬结构。式(2.5)中的第一项表示由可观测的特征差异导致的劳动报酬差异,为可解释的部分;第二项表示群体 t 特征回报被高估导致的劳动报酬差异;第三项表示群体 c 特征回报被低估导致的劳动报酬差异。后两项的总和归于歧视的作用。

对于无歧视时 β^* 的估计存在不同的选择。如果认为 t 群体的劳动报酬结构能够反映劳动力市场无歧视时的劳动报酬结构,那么认为 $\beta^* = \hat{\beta}_t$,劳动报酬差异的分解式为(2.3);反之,如果认为 c 群体的劳动报酬结构能够

反映无歧视时的劳动报酬结构,那么认为 $\beta^* = \hat{\beta}_c$,劳动报酬差异的分解式为(2.4)。

对于 Oaxaca-Blinder 劳动报酬差异分解中出现的指数基准问题,Cutton(1988)提出应用劳动力群体的比重作为其劳动报酬的权重,将加权后的系数计算不存在歧视时的劳动报酬结构的方法,具体表示为:

$$\beta^* = p_t \hat{\beta}_t + p_c \hat{\beta}_c \tag{2.6}$$

其中,p_t 和 p_c 分别表示 t 群体和 c 群体劳动力在总体中所占的比重。

Neumark(1988)指出,在用工单位只关心他们雇用的 t 群体和 c 群体的相对比例,而不关心劳动力数量的情况下,无歧视时的劳动报酬结构可以用总体样本进行估计:

$$\beta^* = (X'X)^{-1}(X'Y) \tag{2.7}$$

其中,X 表示总体样本的解释变量矩阵,Y 表示总体样本的劳动报酬对数向量。

Oaxaca and Ransom(1994)、Neuman and Oaxaca(2004)、Appleton et al.(1999)认为 Neumark 的分解要比 Cotton 的分解略胜一筹,Nuemark 分解具有坚实的理论基础,是对 Oaxaca-Blinder 分解较好的改进方法,并经常被经济学者论及和应用。但是,在推导无歧视时劳动报酬结构时的假定相对比较严格。

三、考虑样本选择偏差的劳动报酬差异分解

依据 Heckman(1979)的观点,劳动力个体的劳动参与选择是非随机的,因而劳动报酬方程回归应该将劳动参与选择的偏差考虑进去。首先,劳动力个体的劳动参与选择方程可表示为:

$$S_i^* = Z_i'\delta + v_i, \quad S_i = \begin{cases} 1 & \text{if} \quad S_i^* > 0 \\ 0 & \text{if} \quad S_i^* \leqslant 0 \end{cases} \quad (2.8)$$

其中,S_i^* 表示不可观测的潜变量,S_i 表示劳动力个体 i 的劳动参与选择(1 表示劳动参与,0 表示非劳动参与),Z_i 表示影响劳动力个体 i 劳动参与选择的个体特征向量,δ 表示其回归系数,$v_i \sim N(0,1)$ 表示随机扰动项。其次,劳动报酬方程设定为:

$$\ln w_{i,t} = X_{i,t}'\beta_t + \rho_t\hat{\lambda}_{i,t} + \varepsilon_{i,t} \quad (2.9)$$

$$\ln w_{i,c} = X_{i,c}'\beta_c + \rho_c\hat{\lambda}_{i,c} + \varepsilon_{i,c} \quad (2.10)$$

其中,$\hat{\lambda}_i$ 为 λ_i 的一致估计量,$\hat{\lambda}_i = \phi(Z_i'\delta)/\varphi(Z_i'\delta)$,$\phi(\cdot)$ 表示标准正态分布的概率密度函数,$\varphi(\cdot)$ 表示标准正态分布的累积分布函数,ρ 表示 $\hat{\lambda}_i$ 的回归系数。因此,带有样本选择偏差修正的 Oaxaca-Blinder 劳动报酬差异分解可表示为:

$$\begin{aligned}\ln \bar{w}_{i,t} - \ln \bar{w}_{i,c} &= (\bar{X}_{i,t}'\hat{\beta}_t - \bar{X}_{i,c}'\hat{\beta}_c) + (\hat{\rho}_t\hat{\lambda}_{i,t} - \hat{\rho}_c\hat{\lambda}_{i,c}) \\ &= (\bar{X}_{i,t}' - \bar{X}_{i,c}')\hat{\beta}_t + \bar{X}_{i,c}'(\hat{\beta}_t - \hat{\beta}_c) \\ &\quad + (\hat{\rho}_t\hat{\lambda}_{i,t} - \hat{\rho}_c\hat{\lambda}_{i,c})\end{aligned} \quad (2.11)$$

其中,$(\hat{\rho}_t\hat{\lambda}_{i,t} - \hat{\rho}_c\hat{\lambda}_{i,c})$ 为样本选择偏差对劳动报酬差异的影响,因此带有样本选择偏差修正的劳动报酬方程回归为劳动报酬差异分解带来了新的问题。对于将该项差异归结为可解释的差异还是不可解释的差异,经济学者们并没有得出一致性的结论(Neuman and Oaxaca,2004)。主要的处理方法分为 3 种:(1)将该项从总差异中剔除,修正样本选择偏差之后分析劳动报酬差异的来源;(2)直接将其视为样本选择偏差对劳动报酬差异的影响;(3)进一步分解,将一部分划分至可解释的部分,另一部分划分至不可解释的部分。

四、基于工资差异分解方法劳动合同收入效应的经验研究

由于不同群体的特征回报可能是不同的,OLS 回归方法的假设过于严格,并且随着工资差异分解方法的不断发展,学者们不仅将工资差异分解方法应用于性别工资差异的研究中,也不断地将该方法扩展到其他研究中。De la Rica 和 Felgueroso(1999)应用 Oaxaca-Blinder 分解的方法,发现制造业和服务业中男性临时劳动合同工人和永久劳动合同工人的工资差异为 15%,而女性的工资差异为 7%,且随着受教育年限的提高,工资差异逐渐增大。Brown 和 Sessions(2003)应用 1997 年英国社会态度调查(British Social Attitudes Survey,BSAS)数据,应用 Oaxaca 工资差异分解方法和 Cotton 工资差异分解方法研究固定期限和永久劳动合同工人的工资差异问题,研究结果发现应用 Oaxaca 工资差异分解方法表明固定期限和永久劳动合同工人之间的工资差异有 75%~90% 是由系数效应导致的,因选择的基准不同而略有差异;应用 Cotton 分解方法的结果认为有 80%~85% 的工资差异是由系数效应导致的,其中将近一半为对永久劳动合同工人的高估,一半多是因为对固定期限劳动合同工人的低估。

Davia 和 Hernanz(2004)基于 1995 年西班牙 ECHP 和 EES 数据,基于双重样本选择偏差修正的工资差异分解方法,研究固定期限劳动合同与无固定期限劳动合同工人的工资差异问题,结果表明固定期限劳动合同工人与无固定期限劳动合同工人的工资差异主要是由两组工人自身的特征差异和劳动合同选择偏差导致的,如果个体特征和工作特征都相同,固定期限劳动合同工人的工资高于无固定期限劳动合同工人的工资,固定期限劳动合同工人的工资表现出补偿性特征。

Pfeifer(2012)基于德国联邦统计局雇主-雇员数据,应用工资差异分解

方法的研究结果表明固定期限劳动合同工人的工资比永久劳动合同工人的工资低 33.4%,其中有一半的工资差异是由工人自身特征的异质性导致的,10% 是由职业特征和企业的固定效应导致的;通过分析固定期限劳动合同对不同收入分布工人的工资影响可以发现,固定期限劳动合同对较低收入群体的工资影响较大,对于中高等收入的群体较小并且恒定在 10% 左右。

在中国,经济学者也采用工资差异分解方法研究劳动合同对劳动者工资的影响问题。孙睿君和李子奈(2010)基于 2002 年住户收入调查(CHIP)数据,应用 Neuman 和 Oaxaca 工资差异分解方法对我国不同期限类型劳动合同的工资决定机制及工资差异进行了经验研究,结果表明长期劳动合同与短期劳动合同的工资差异符合补偿性工资差异理论,但是用工单位对未签订劳动合同的劳动力存在工资歧视。控制了个体特征差异和选择性差异后,长期劳动合同工的工资比短期合同工的工资低 42.84%,比未签订劳动合同者的工资高 29.60%。

第三节 处理效应方法

Rubin(1974)提出了"反事实框架",称为"鲁宾因果模型"(Rubin Causal Model,RCM)。在该模型中每一个劳动力个体均具有两种潜在的收益 Y_{it}^T 和 Y_{it}^C。其中,Y_{it}^T 表示劳动力个体签订劳动合同在第 t 期被观测到的结果,Y_{it}^C 则表示在第 t 期劳动者未签订劳动合同被观测到的结果。在同一时期,只能观测到同一个体的一种状态。因此,应用虚拟变量 D_i 来区分潜在结果和实际结果。如果劳动者签订劳动合同,则 $D_i=1$,如果劳动力个体未签订劳动合同,则 $D_i=0$。因此,观测到的实际结果可以表示为:

$$Y_{it} = D_i Y_{it}^T + (1-D_i) Y_{it}^C = Y_{it}^C + (Y_{it}^T - Y_{it}^C) D_i \qquad (2.12)$$

在式(2.12)中,潜在收益 $\Delta = Y_{it}^T - Y_{it}^C$ 为劳动合同签订对劳动力个体的劳动报酬水平的影响。一般而言,不同个体签订劳动合同的因果效应不同,由于不能同时观测同一个体的两种潜在结果,因此需要比较同一类个体是否签订劳动合同对结果变量的影响。最常用的为受试者的平均处理效应(Average Treatment Effect,ATE),表示如下:

$$E(\Delta \mid D_i = 1) = E(Y_{it}^T \mid D_i = 1) - E(Y_{it}^C \mid D_i = 1) \quad (2.13)$$

在实际数据中,我们仅能观测到 $E(Y_{it}^T \mid D_i = 1)$ 和 $E(Y_{it}^C \mid D_i = 0)$,而 $E(Y_{it}^C \mid D_i = 1)$ 是无法观测到的。为了获得式(2.13)中的平均处理效应值,则需要进行判别假设,即利用已知的数据对潜在结果 $E(Y_{it}^C \mid D_i = 1)$ 进行预测。可以认为,估计劳动合同签订对劳动者劳动报酬影响的过程实际上是一个解决数据缺失的问题。依据可获得数据类型的不同,判定假设将不同,因此采用的估计量也是不同的(卡赫克和齐尔贝尔伯格,2007)。

一、双重差分方法

如果估计劳动合同签订的平均处理效应的数据是序列数据或者是包含了未签订劳动合同个体在《劳动合同法》实施前后的面板数据,那么我们就可以求得实验组不签订劳动合同时的平均收益。然后,假设这个平均劳动报酬与实验组个体未签订劳动合同时的平均劳动报酬水平是相等的,则判别假设可以写作:

$$E(Y_B^C - Y_A^C \mid X, D = 1) = E(Y_B^C - Y_A^C \mid X, D = 0) \quad (2.14)$$

式(2.14)表明,观察到的对照组群体不签订劳动合同的平均劳动报酬 $E(Y_B^C - Y_A^C \mid D = 0)$ 与没有观察到的实验组未签订劳动合同时的平均劳动报酬 $E(Y_B^C - Y_A^C \mid D = 1)$ 是相等的。记 $\bar{Y}_A^C$ 和 $\bar{Y}_B^C$ 分别表示对照组《劳动合同

法》实施前后的平均劳动报酬水平,则双重差分估计量($\tilde{\Delta}_{DID}$)可定义为:

$$\tilde{\Delta}_{DID} = (\bar{Y}_B^T - \bar{Y}_A^T) - (\bar{Y}_B^C - \bar{Y}_A^C) \qquad (2.15)$$

因此,双重差分估计量等于实验组与对照组"前—后"估计量之差。如果式(2.14)得到满足,则双重差分估计量是劳动合同签订的平均处理效应 $E(Y_B^T - Y_B^C | X, D=1)$ 的无偏估计量。双重差分估计量的优点是对经济总体状况的变化不敏感,并且可以消除由可观测和不可观测的异质性导致的估计偏差;缺点是如果实验组和对照组的变动趋势不同,导致判别假设不成立,则劳动合同签订的平均处理效应的估计是有偏的。

二、倾向得分匹配方法

通常,除了 (Y_i, D_i) 以外,还可以观测到劳动力个体 i 的一些特征,比如年龄、性别、人力资本状况等等特征,记为向量 X_i,也称为"协变量"(covariates)。这样,总体可以表示为 (Y_A, Y_B, D, X)。如果劳动者对 D_i 的选择取决于可观测变量矩阵 X_i,称为"依可观测变量选择"(selection on observables)。在给定 X_i 的情况下,(Y_{Ai}, Y_{Bi}) 独立于 D_i,这就是 Rosenbaum 和 Rubin(1983)提出的"可忽略性"(unconfoundness)假设:

假定 1:可忽略性(Ignorbility)。给定 X_i,则 (Y_{Ai}, Y_{Bi}) 独立于 D_i,记为 $(Y_{Ai}, Y_{Bi}) \perp D_i | X_i$。

假定 2:均值可忽略性(Ignorbility in Mean)。$E(Y_{Ai} | X_i, D_i) = E(Y_{Ai} | X_i)$,而且 $E(Y_{Bi} | X_i, D_i) = E(Y_{Bi} | X_i)$,这意味着在给定 X_i 的情况下,Y_{Ai} 和 Y_{Bi} 都均值独立于 D_i。

由于 X_i 通常包含多个变量,统计学家 Rosenbaum 和 Rubin(1983)提出使用"倾向得分"(propensity score, p-score)来度量距离。该方法的优点在于计算平均处理效应时不一定需要纵向数据(Heckman and Robb,

1985)。给定 X_i 的情况下,个体 i 进入处理组(例如,签订劳动合同)的条件概率可表示为 $p(X_i) \equiv p(D_i = 1 \mid X = X_i)$。在使用样本数据估计 $p(X_i)$ 时,可使用参数估计的方法(比如,probit 或者 logit)或者是非参数估计,最流行的方法为 logit 回归方法。

当然,为了能够进行匹配,需要在 X 的每一个取值上都同时存在处理组与控制组的劳动力个体,称之为"重叠假定"(overlap assumption)或"匹配假定"(matching assumption),即对于 X 的任何可能取值,都有 $0 < p(X) < 1$。

因此,应用倾向得分匹配方法计算平均处理效应分为如下几步:

第一步,选择协变量 X_i。尽可能多地包括影响 (Y_{Ai}, Y_{Bi}) 与 D_i 的变量,保证能够满足可忽略性假设。因为协变量 X_i 选择不当或太少,可忽略性假设不能够得到满足,将导致估计结果存在偏差。

第二步,估计倾向分。Rosenbaum 和 Rubin(1985)建议使用形式灵活的 Logit 回归模型:

$$\Pr(T_i = 1 \mid X_i = X) = e(X) = \frac{\exp(X_i'\beta)}{1 + \exp(X_i'\beta)} \tag{2.16}$$

第三步,进行匹配。准确地估计倾向得分值,使得匹配后实验组与对照组个协变量的均值没有显著差异,在统计学上称为"数据平衡"(data balancing)。但实验组与对照组均值之差在一定程度上取决于其计量单位,故一般针对 X 的每个分量考察"标准化偏差":

$$\frac{\mid \bar{X}_{treat} - \bar{X}_{control} \mid}{\sqrt{(s^2_{X,\,treat} + s^2_{X,\,control})/2}} \tag{2.17}$$

其中,$s^2_{X,\,treat}$ 与 $s^2_{X,\,control}$ 分别表示实验组与对照组协变量 X 的样本方差,一般要求标准化偏差低于 10%。

第四步,根据匹配后的样本计算平均处理效应。受试者的平均处理效

应(ATT)估计量的表达式为:

$$A\hat{T}T = \frac{1}{N_1} \sum_{i:D_i=1} (Y_i - Y_{0i}) \quad (2.18)$$

其中,$N_1 = \sum_i D_i$ 表示实验组的个体数,$\sum_{i:D_i=1}$ 表示仅对实验组的个体进行加总。类似地,也可为对照组的个体寻找实验组的相应匹配者。非受试者的平均处理效应(ATU)估计量的一般表达形式为:

$$A\hat{T}U = \frac{1}{N_0} \sum_{j:D_j=1} (\hat{Y}_{1j} - Y_j) \quad (2.19)$$

其中,$N_0 = \sum_j (1-D_j)$ 表示对照组中的劳动力个体数目,而 $\sum_{j:D_j=0}$ 表示仅对对照组中劳动力个体进行加总。整体样本的平均处理效应(ATE)估计量的表达式为:

$$A\hat{T}E = \frac{1}{N} \sum_{i=1}^{n} (\hat{Y}_{1i} - \hat{Y}_{0i}) \quad (2.20)$$

三、基于倾向得分匹配的双重差分方法

双重差分倾向得分匹配(difference-in-difference PSM),是由 Heckman 等(1997,1998)提出的。假设有两期的面板数据,记 t' 表示实验前的时期,t 表示实验后的时期,在 t' 时期,实验还没有发生,因此所有个体的潜在结果都可以记作 $y_{0t'}$。在 t 时期,实验发生,存在两种潜在结果,分别记为 y_{1t} (参与实验)和 y_{0t} (未参与实验)。

双重差分倾向得分匹配方法成立的前提为均值可忽略性假定:

$$E(y_{0t} - y_{0t'} \mid x, D=1) = E(y_{0t} - y_{0t'} \mid x, D=0) \quad (2.21)$$

如果假定式(2.21)成立,则可得到 ATT 的一致估计:

$$
A\hat{T}T = \frac{1}{N_1} \sum_{i: i \in I_1 \cap S_p} \left[(y_{1ti} - y_{0t'i}) - \sum_{j: j \in I_0 \cap S_p} \omega(i,j)(y_{0tj} - y_{0t'j}) \right] \quad (2.22)
$$

其中,S_p 表示共同取值范围的集合(common support),$I_1 = \{i: D_i = 1\}$ 表示实验组的集合,$I_0 = \{i: D_i = 0\}$ 表示对照组的集合,N_1 为集合 $I_1 \cap S_p$ 所包含的处理组劳动力个体数,而 $\omega(i,j)$ 表示对应于配对 (i,j) 的权重,可通过核匹配或线性回归匹配的方法来确定。表达式(2.22)中,$(y_{1ti} - y_{0t'i})$ 表示试验组劳动力个体 i 实验前后的变化,而 $(y_{0tj} - y_{0t'j})$ 表示对照组劳动力个体 j 实验前后的变化。概括起来,双重差分 PSM 法的步骤如下:

第一步,根据处理变量 D_i 与协变量 x_i 估计倾向得分值,通常应用 Logit 回归方法。

第二步,对于试验组的每一位劳动力个体 i,确定与其匹配的全部对照组个体(即确定集合 S_p)。

第三步,对于试验组的每一个体 i,计算其结果变量的前后变化值,即 $(y_{1ti} - y_{0t'i})$。

第四步,对于试验组的每一个体 i,计算与其匹配的全部对照组劳动力个体的前后变化 $(y_{0tj} - y_{0t'j})$,其中 $j \in I_0 \cap S_p$。

第五步,针对 $(y_{1ti} - y_{0t'i})$ 与 $(y_{0tj} - y_{0t'j})$,根据公式(2.22)进行倾向得分核匹配或者是局部线性回归匹配,即得到处理效应 $A\hat{T}T$。

双重差分 PSM 法的优点在于它可以控制不可观测(unobservable)但不随时间变化(time invariant)的组间差异。

四、处理效应模型

解决依不可观测变量选择问题的方法除了双重差分 PSM 法之外还有

另外一种方法,该方法遵循 Heckman(1979)样本选择偏差修正模型,直接对处理变量 D_i 进行结构建模。为此,Maddala(1983)提出了以下"处理效应模型"(treatment effect model):

$$y_i = x_i'\beta + \gamma D_i + \varepsilon_i \tag{2.23}$$

假设处理变量由以下"处理方程"(treatment equation)所决定:

$$D_i = 1(z_i'\delta + u_i) \tag{2.24}$$

其中,$1(\cdot)$ 表示指示函数(indicator function)。z_i 中包含的变量可以与 x_i 中包含的变量有重叠的部分,但在 z_i 中至少有一个变量 z_{1i} 是不包含在 x_i 中的。进一步,假设 $Cov(z_{1i}, \varepsilon_i) = 0$,即虽然 z_{1i} 影响个体是否参与项目 D_i,但对结果变量 y_i 没有直接的影响,只能是存在间接的影响,因此可认为 z_{1i} 是 D_i 的工具变量。假设随机扰动项 (ε_i, u_i) 服从二维正态分布:

$$\begin{bmatrix} \varepsilon_i \\ u_i \end{bmatrix} \sim N \left[\begin{bmatrix} 0 \\ 0 \end{bmatrix}, \begin{bmatrix} \sigma_\varepsilon^2 & \rho\sigma_\varepsilon \\ \rho\sigma_\varepsilon & 1 \end{bmatrix} \right] \tag{2.25}$$

其中,ρ 表示 (ε_i, u_i) 的相关系数,而 u_i 的方差被标准化为 1。如果 $\rho \neq 0$,说明模型存在内生性问题,直接进行最小二乘回归将得到有偏的估计;反之,如果 $\rho = 0$,OLS 回归即可得到对方程(2.23)的一致估计。对于受试者而言,y_i 的条件期望为:

$$\begin{aligned} E(y_i \mid D_i = 1, x_i, z_i) &= x_i'\beta + \gamma + E(\varepsilon_i \mid D_i = 1, x_i, z_i) \\ &= x_i'\beta + \gamma + E(\varepsilon_i \mid z_i'\delta + u_i > 0, x_i, z_i) \\ &= x_i'\beta + \gamma + E(\varepsilon_i \mid u_i > -z_i'\delta, x_i, z_i) \\ &= x_i'\beta + \gamma + \rho\sigma_\varepsilon \lambda(-z_i'\delta) \end{aligned} \tag{2.26}$$

其中,$\lambda(\cdot)$ 为逆米尔斯函数,即 $\lambda(c) \equiv \dfrac{\phi(c)}{1 - \Phi(c)}$。类似地,未参加

者的条件期望为：

$$E(y_i \mid D_i = 0, x_i, z_i) = x_i'\beta + E(\varepsilon_i \mid D_i = 0, x_i, z_i)$$
$$= x_i'\beta + E(\varepsilon_i \mid z_i'\delta + u_i \leqslant 0, x_i, z_i)$$
$$= x_i'\beta + E(\varepsilon_i \mid u_i \leqslant -z_i'\delta, x_i, z_i)$$
$$= x_i'\beta - \rho\sigma_\varepsilon \lambda(z_i'\delta) \quad (2.27)$$

用式(2.26)减去式(2.27)，可得参加者与未参加者的条件期望之差：

$$E(y_i \mid D_i = 1, x_i, z_i) - E(y_i \mid D_i = 0, x_i, z_i)$$
$$= \gamma + \rho\sigma_\varepsilon [\lambda(-z_i'\delta) + \lambda(z_i'\delta)] \quad (2.28)$$

显然，如果直接比较试验组和对照组的平均收益 y_i，将遗漏上式 (2.28) 中的第二项 $\rho\sigma_\varepsilon [\lambda(-z_i'\delta) + \lambda(z_i'\delta)]$，导致估计结果是不一致的。为了将试验组和对照组放在一起进行回归，定义个体 i 的逆米尔斯比为：

$$\lambda_i = \begin{cases} \lambda(-z_i'\delta) & D_i = 1 \\ -\lambda(z_i'\delta) & D_i = 0 \end{cases} \quad (2.29)$$

因此，可以将式(2.28)和式(2.29)合并为一个方程：

$$E(y_i \mid x_i, z_i) = x_i'\beta + \gamma D_i + \rho\sigma_\varepsilon \lambda_i \quad (2.30)$$

五、基于处理效应方法劳动合同收入效应的经验研究

Hagen(2002)基于 1999 年德国 GSOEP 调查数据，应用虚拟内生变量模型方法的研究结果表明，固定期限劳动合同工人工资较永久劳动合同工人的工资低 23.4%。该研究与 Schömann 和 Hilbert(1998)的研究均得到了较高的工资差异，在控制了不可观测变量的影响之后，相比于 OLS 方法工资差异上升了将近 13%。这可能是由于不可观测变量（例如能力）导致工

资水平较高，并且增加了签订固定期限劳动合同的概率，即较高能力的工人会选择固定期限劳动合同，在签订永久劳动合同之后获得更高的工资，致使控制了劳动合同选择的内生性之后工资差异较大。然而，应用倾向得分匹配的结果却认为虽然固定期限劳动合同工人工资低 7.87%，但是不显著。Mertens 和 McGinnity(2004)应用德国数据的研究发现，固定期限劳动合同和永久劳动合同工人的工资之间存在显著差异，但是固定期限劳动合同工人的工资增长更快。

Brown 和 Sessions(2005)基于 1997 年 BSAS(British Social Attitudes Survey)数据和 ISSP(Internatioanl Social Survey Programme)数据，应用基于 Heckman 两阶段方法研究固定期限劳动合同对各个国家工人工资的影响，结果表明在 BSAS 数据中在控制工人自身特征和工作岗位特征的异质性之后，英国永久劳动合同工人的工资比固定期限劳动合同工人的工资高 14% 左右，与 Jimeno 和 Toharia(1993)及 Alba-Ramirez(1994)的研究结果类似；为了考察研究结果的一般性，该文基于 ISSP 数据对 12 个国家进行检验，回归结果表明不同国家劳动合同的收入效应存在较大差异，在德国、法国、加拿大、新西兰、瑞典和葡萄牙永久劳动合同工人的工资显著高于固定期限劳动合同工人工资，德国永久劳动合同的工资溢价尤为明显，然而，日本和挪威的永久劳动合同工人工资比固定期限劳动合同合同要低；不同的受教育群体而言，永久劳动合同对工人工资的影响存在较大的差异；同时，研究还表明签订固定期限劳动合同工人的工作满意度较差，与 Feldman 等(1995)和 Ellingson 等(1998)的研究结果一致。

Picchio(2006)基于 2002 年 SHIW 调查数据对意大利劳动力市场中临时合同和永久合同工人工资差异问题进行研究，虚拟内生变量模型的研究结果表明临时合同工人的工资低于永久合同工人的工资 7%，补偿性工资差异理论并不能很好地解释两个群体之间的工资差异。Amuedo-Dorantes 和 Serrano-Padial(2007)基于 1995—2001 年 ECHP 数据研究西班牙不同劳动合同类型工人的工资增长问题,研究表明永久劳动合同工人只有在变化工作时,才会出现工资较大幅度的增长,而固定期限劳动合同工人变化工作或不变换工作,其工资都会增长;在西班牙的劳动力市场中,临时劳动合同和永久劳动合同工人的工资存在显著的差异,剔除劳动力个体特征的异质性之后,这种差异仍然存在,集中在4%~15%,劳动力市场存在对固定期限劳动合同工人的歧视。Gash 和 McGinnity(2007)基于 ECHP(European Community Household Panel)数据,应用倾向得分匹配方法比较德国和法国固定期限劳动合同对工资、工资增长的影响,结果表明德国女性永久合同和固定期限劳动合同两类群体之间的工资水平无显著差异,但是固定期限劳动合同工作的工资增长速度较快;而对于男性而言,固定期限劳动合同工人的工资水平较低,但是工资增长没有明显的差异;在法国,女性的工资和工资增长均无显著差异,男性亦然。

Fernández-Kranz 等(2015)基于相同的数据和研究方法研究西班牙女性固定期限劳动合同对工资的影响,发现对全日制工作的女性而言,在控制可观测特征、不随时间变动的不可观测异质性、工作历时信息之后,永久劳动合同女性和固定期限劳动合同女性工资之间并不存在差异。在1985—1994年,在西班牙所有的新增就业中有超过95%的工人签订了临时劳动合同,但由临时合同过渡到永久合同的比例仅有10%(Bover and Goméz, 2004)。在1992年之后,西班牙固定期限劳动合同的比例基本平稳在30%左右,是欧洲各国中固定期限劳动合同签订比例最高的国家(Toharia and Malo,1999)。

Gebel(2009)基于德国1984—2006年GSOEP数据,应用倾向得分匹配方法对劳动合同的工资效应进行分析,研究发现在剔除个体特征差异后,签订临时劳动合同工人工资比永久劳动合同工人工资低15.7%,在此基础上控制工作岗位特征差异后,两类群体间的工资差异略微上升;更进一步地,分别对初等、中等和高等受教育程度的群体进行分析,结果表明高等教育分组的劳动合同溢价为24.3%,明显高于初等和中等受教育程度的17.7%和17.4%。Elia(2010)基于2002年、2004年和2006年的SHIW调查数据,应用基于倾向得分匹配的差中差方法对意大利固定期限劳动合同对工资的影响进行分析,结果表明总体长期和短期固定期限劳动合同和永久合同之间的工资差异为8.2%~10%,按照技能进行分组后,技能型工人的短期工资差异为16%~25%,长期工资差异27%~37%,非技能型工人的工资差异为10%左右。

Pavlopoulos(2013)基于英国(BHPS)、德国(GSOEP)面板数据,应用随机效应模型研究以固定期限劳动合同形式或者是永久劳动合同形式进入劳动力市场对工人工资的影响问题,结果表明在英国以固定期限劳动合同进入劳动力市场男性的工资比永久合同男性的工资低11.2%,对女性没有影响,与Booth等(2002)的研究结果相反;德国男性的工资差异为6.2%,女性为4.4%。Paul等(2014)应用西班牙的数据分析固定期限劳动合同将劳动者的技能水平分为低中高三等,分别分析固定期限劳动合同对劳动者工资的影响、不同合同类型工作的经验回报以及固定期限劳动合同的长期影响,结果表明在控制了个体特征和不可观测的异质性之后,固定期限劳动合同对低技能和中等技能水平劳动者的工资水平没有显著影响,但是对高技能劳动者具有负向影响;从长期来看,固定期限劳动合同劳动者在下一年继续签订固定期限劳动合同甚至于失业的可能性更大,工资水平更低。

在中国,经济学者在研究中发现劳动合同变量同样是自选择变量,应用普通最小二乘回归方法进行估计存在内外部有效性的问题,使得估计结果存在偏差,因此应用处理效应方法解决内生性的问题,以求更加准确地度量劳动合同对劳动者收入的影响程度。

陈祎和刘阳阳(2010)认为劳动合同变量是内生变量,应用最小二乘估计会带来估计偏差,应用倾向得分匹配方法控制变量内生问题后,劳动合同对于进城务工人员的收入依然有显著的正向影响,月收入提高14.0%~

14.9%,小时工资提高18.2%～21.5%,并且劳动合同的签订有助于缓解农民工过度劳动的问题。

李仲达和刘璐(2013)基于2006年、2008年和2009年珠三角农民工调查数据,应用内生转化模型对该问题进行研究,结果表明在2006年,签订劳动合同农民工的月收入较未签订劳动合同农民工高7.6%,在经过福利调整之后,月收入差异上升为23.11%。可见,劳动合同对农民工的效应不仅体现在工资这一可支配收入上,还体现在福利待遇方面;在《劳动合同法》实施之后,签订和未签订劳动合同农民工的工资收入差异约为25%(2008年为24.58%,2009年为26.92%),福利调整之后的收入差异更是提高到了40%以上(2008年为44.93%,2009年为46.37%)。可知,《劳动合同法》的颁布实施,凸显了签订和未签订劳动合同农民工的收入差异。才国伟和刘冬妍(2014)基于珠三角城市农民工问卷调查数据,应用倾向得分匹配方法,研究结果表明签订劳动合同能够使得农民工的工资增加5.46%。对于处理组而言,如果不签订劳动合同,农民工的工资将下降6.2%,对于控制组而言,如果签订劳动合同,农民工的工资将上升4.3%;应用内生转换模型的研究结果表明签订劳动合同使得农民工个体的工资提高了3.78%,对于签订劳动合同的农民工而言,如果他们不签劳动合同,他们的工资将下降6.14%,对于未签订劳动合同的农民工而言,如果他们签订劳动合同工资将上升0.44%。因此,对于未签订劳动合同的农民工而言,仅仅提高他们的劳动合同签订率是远远不够的。

第四节 分位数方法

一、分位数回归方法

分位数回归方法最早是由Koenker和Bassett(1978)提出的,但是在学术界并没有引起高度关注。Buchinsky(1994,1998)、Buchinsky 和 Hahn(1998)进一步讨论并应用该方法进行研究,使其得到了较大的发展和应用。劳动报酬方程的分位数回归模型为:

$$y_\theta = X'_i \beta_\theta + u_{\theta_i} \tag{2.31}$$

$$Quant_\theta(y_\theta \mid X_i) = X'_i \beta_\theta \tag{2.32}$$

其中,β_θ 为劳动报酬分布的第 θ 点上的分位数回归系数向量,u_θ 为分布不确定的随机误差项,$Quant_\theta(y_\theta \mid X_i)$ 表示劳动报酬 y 在特征向量 X_i 条件下第 θ 个条件分位点的值,$0 < \theta < 1$。假设 u_{θ_i} 满足 $Quant_\theta(u_{\theta_i} \mid X_i) = 0$。

θ 分位数回归系数 β_θ 的估计量 $\hat{\beta}_\theta$ 可以由以下最小化问题来定义:

$$\min_{\beta_\theta} \sum_{i: y_i \geqslant x'_i \beta_\theta}^{n} \theta \mid y_i - x'_i \beta_\theta \mid + \sum_{i: y_i < x'_i \beta_\theta}^{n} (1-\theta) \mid y_i - x'_i \beta_\theta \mid \tag{2.33}$$

由于分位数回归的目标函数不可微分,故通常使用线性规划的方法来计算 $\hat{\beta}_\theta$。可以证明,样本回归系数 $\hat{\beta}_\theta$ 是总体回归系数 β_θ 的一致估计量。

应用分位数回归方法,可以得到不同收入分布上劳动合同签订对劳动者劳动报酬水平的影响,但该方法同样存在内外部有效性的问题。

二、分位数分解方法

Machado 和 Mata(2000,2005)提出基于工资方程分位数回归的工资差异分解方法,并应用其分析收入分布变动的问题。该方法基于反事实分析的思想,遵循 Koenker 和 Bassett(1978)条件分位数回归的思路,应用一个群体的劳动报酬分布,构建另一个群体的劳动报酬分布,比较预测的劳动报酬分布与实际的劳动报酬分布之间的差异来分析两组群体之间的劳动报酬差异的来源。

首先,选定 c 群体(签订劳动合同群体)作为参照组,在 t 群体(未签订劳动合同)中抽取一个子样本,依据 c 群体劳动报酬 θ 分位数上的回归系数 $\hat{\beta}_\theta$ 预测样本中 t 群体的劳动报酬为:

$$\ln w_t^* = x_t' \hat{\beta}_{\theta c} \qquad (2.34)$$

其次,在劳动报酬分布的各个分位点上重复以上的操作,依据多次抽样产生的样本构建 t 群体的反事实劳动报酬的边际分布;

最后,得到签订和未签订劳动合同群体在 θ 分位点上的劳动报酬差异分解形式可表示为:

$$\ln w_{\theta c} - \ln w_{\theta t} = (\ln w_{\theta c} - \ln w_{\theta t}^*) + (\ln w_{\theta t}^* - \ln w_{\theta t}) \qquad (2.35)$$

在式(2.35)中,$(\ln w_{\theta c} - \ln w_{\theta t}^*)$ 表示在 θ 分位点上签订和未签订劳动合同群体在劳动报酬分布上的劳动力特征异质性导致的劳动报酬差异,$(\ln w_{\theta t}^* - \ln w_{\theta t})$ 为在 θ 分位点上签订劳动合同群体和未签订劳动合同群体在劳动报酬分布上的劳动力特征回报差异导致的劳动报酬差异。

Melly(2005)指出,MM 分解不能确保条件分位数估计与总体分位数函数估计是一致的,为此 Melly 提出了一种更加有效的分位数回归估计方法。

三、分位数处理效应方法

根据潜在收益分析框架,首先将样本总体划分成两个子群体:实验组(签订劳动合同)和对照组(未签订劳动合同)。劳动合同对农民工劳动报酬在 τ 分位数处的处理效应可表示为:

$$\Delta_\tau \equiv Q_\tau(\ln Y_i \mid T_i = 1) - Q_\tau(\ln Y_i \mid T_i = 0) \qquad (2.36)$$

其中,T_i 表示劳动力个体 i 是否签订劳动合同的二元指示变量(1:签订劳动合同,0：未签订劳动合同),$\ln Y_i$ 表示劳动力个体小时劳动报酬对数。

由于农民工签订劳动合同并不是随机分配的,而是具有自选择性,如果直接应用签订劳动合同农民工的劳动报酬减去未签订劳动合同农民工的劳动报酬来度量劳动合同对农民工劳动报酬的影响,势必存在由样本选择偏差带来的估计偏差。根据 Horvitz 和 Thompson(1952)的思想,非随机抽样导致的偏差可以通过对样本被选择的概率进行加权平均加以调整。因此,通过倾向得分匹配方法能达到实验组和对照组的近似随机分配。对倾向得分的估计可以采用两种模型：参数模型和非参数模型。农民工劳动合同选择的概率（即倾向得分）的参数模型可表示为 Logit 模型：

$$\Pr(T_i = 1 \mid X_i = x) = e(x) = \frac{\exp(X_i'\gamma)}{1 + \exp(X_i'\gamma)} \tag{2.37}$$

其中,X_i 表示影响农民工 i 劳动合同签订的个体特征向量,γ 为待估计的系数向量。

根据 Firpo(2007)的思想,农民工劳动合同选择的倾向得分的非参数模型可以表示为：

$$\Pr(T_i = 1 \mid X_i = x) = e(x) = \frac{\exp(x'\theta_x)}{1 + \exp(x'\theta_x)} \tag{2.38}$$

其中：

$$\hat{\theta}_x = \arg\max_{\theta_x} \sum_{i=1}^{N} \left(\ln Y_i \ln\left(\frac{1}{1 + e^{-X_i'\theta_x}}\right) + (1 - \ln Y_i) \ln\left(\frac{1}{1 + e^{-X_i'\theta_x}}\right) \right) K_H(X_i - x) \tag{2.39}$$

其中,$K_H(\cdot)$ 表示核函数,H 表示带宽。

由每个农民工劳动合同选择的倾向得分估计值可以计算农民工个体的

权重：

$$\hat{w}_i = \frac{T_i}{N\hat{e}(X_i)} + \frac{1-T_i}{N(1-\hat{e}(X_i))} \tag{2.40}$$

其中，N 为样本量。在 τ 分位数处，农民工的劳动报酬估计值可以表示为，

$$\hat{Q}_\tau(\ln Y_i \mid T_i) = \arg\min_{q(T)} \sum_{i=1}^{N} \hat{w}_i \cdot \rho_\tau(\ln Y_i - q) \tag{2.41}$$

其中，$\rho_\tau(\cdot)$ 表示检验函数，$\rho_\tau(u) = (\tau - 1(u \leqslant 0))u$。类似地，劳动合同签订的平均处理效应可表示为：

$$\begin{aligned}\hat{\Delta} = &\Big(\sum_{i=1}^{N} \hat{w}_i \ln Y_i \Big/ \sum_{i=1}^{N} \hat{w}_i \mid T_i = 1\Big) \\ &- \Big(\sum_{i=1}^{N} \hat{w}_i \ln Y_i \Big/ \sum_{i=1}^{N} \hat{w}_i \mid T_i = 0\Big)\end{aligned} \tag{2.42}$$

四、基于分位数方法劳动合同收入效应的经验研究

20世纪90年代，国外已有大量的学者应用分位数工资差异分解方法研究劳动力市场中的工资差异问题（Buchinsky，1994；Abadie，1997；Bonjour and Gerfin，2001；Newell and Reilly，2001；Fizenberger and Wunderlich，2002；Fizenberger and Kunze，2005）。

随着工资分布差异分解方法的提出和完善，劳动经济学者在研究劳动合同类型对工人工资差异问题时，不仅关注均值上的差异，而是进一步地关注工资分布上不同期限劳动合同类型对工人工资的影响。Mertens 和 McGinnity(2005)基于 1995—2000 年的 GSOEP 数据，应用分位数回归方法研究在不同工资分布上固定期限劳动合同对德国男性工资的影响，研究

表明不仅固定期限劳动合同和无固定期限劳动合同工人之间工资存在差异,群体内部也同样存在工资差异;随着工资分布的提高,固定期限劳动合同和无固定期限劳动合同工人的工资差异在逐渐下降;对于中等以上工资水平的固定期限劳动合同工人,其工资增长速度高于无固定期限劳动合同工人,但是对于那些低收入的固定期限劳动合同工人,工资增长速度低于无固定期限劳动合同工人。因此,政策制定者应更加关注签订固定期限劳动合同的低工资群体。

Mertens 等(2007)基于西班牙和德国的调查数据,应用分位数回归方法研究不同收入分布上固定期限劳动合同对工人工资的影响,结果表明西班牙和德国具有显著的差异,西班牙的工资差距较大,固定期限劳动合同工人的收入比长期工人低 50%,而德国的工资差异为 32%。在不同工资分布上,在德国,随着收入水平的上升,工人之间的工资差异逐渐下降;而在西班牙,工资差异的变动较小,存在差异的原因是因为两国劳动力市场存在劳动力分布差异。Bosio(2009)基于 2006 年意大利 SHIW 的数据,将以往的均值效应分析扩展到整个收入分布上,应用分位数上的工资差异分解方法研究结果表明固定期限劳动合同对工人工资的影响存在"黏性地板"效应,即在工资分布的底端,永久劳动合同和固定期限劳动合同工人之间的工资差异更大;由分解结果可知在工资分布的中高部分,永久劳动合同的工资溢价逐渐减小;控制了自选择的内生性问题之后,工资差异有所下降,但是依然存在。

Comi 和 Grasseni(2012)应用分位数回归及分位数工资差异分解方法研究欧洲 9 个国家固定期限劳动合同和永久劳动合同工人之间的工资差异以及整个工资分布上的工资差异,结果表明,在所有国家中,固定期限劳动合同和永久劳动合同工人之间的工资差异普遍存在,而且在整个工资分布上都是显著存在的,处于 10%~20%;在工资分布的底端,工资差异较大,随着工资分布的上升,工资差异逐渐下降;在这个工资分布上,特征回报差异是导致永久劳动合同和固定期限劳动合同工人之间工资差异的主要因素,随着工资普遍提高,歧视所占的比例趋于稳定。

Bosio(2014)基于2002—2008年SHIW数据,应用无条件工具变量分位数处理效应方法研究意大利临时劳动合同对工资分布的影响,结果表明随着工资水平的上升,临时劳动合同对劳动者工资的降低作用逐渐减弱,临时劳动合同的工资惩罚仅发生在低工资的群体中,在60分位点及以上工资水平的劳动者中,临时劳动合同和永久劳动合同劳动者的工资不存在显著的差异,即存在"黏性地板效应"。

近年来,中国劳动力市场中工资分布上劳动合同对劳动者工资的影响问题也引起了学者们的广泛关注。寇恩慧和刘百惠(2013)基于2008年中国家庭收入调查数据,应用条件分位数回归模型及MM分解方法研究劳动合同期限对农民工工资分布的影响,结果表明长期劳动合同和短期劳动合同农民工的工资差异是由特征差异和系数差异两部分导致的,系数差异所占的比例略高一些;在工资分布底端,长期劳动合同和短期劳动合同农民工的工资差异更大,并且随着工资水平的上升,系数差异所占的比重在逐渐下降,长期劳动合同和短期劳动合同农民工之间的工资差异存在"黏性地板效应"。

李萍等(2014)基于分位数回归方法,研究不同工资分布上劳动合同期限对制造业和非制造业劳动力工资的影响。从工资分布上看,劳动合同期限对不同分位数工资水平的影响在两部门之间存在明显的差异。在制造业部门,中低等收入的劳动力工资受到劳动合同期限的影响比高等收入群体更大,即在25分位点上劳动合同的工资效应为2.91%,50分位点上为3.95%;而75分位点时下降为0.73%;在非制造业部门25分位点上劳动合同的工资效应为0.98%,50分位点上为1.74%,75分位点上为3.75%,即随着工资的上升,劳动合同对非制造业劳动力的工资的影响逐渐增加。

林伟等(2015)基于2013年国家卫生计生委流动人口动态监测调查数

据,应用分位数回归方法检验劳动合同形式对农民工工资率的影响,结果表明随着农民工工资分位点的不断提高,固定期限劳动合同对农民工工资的作用效果逐渐下降,从10分位点上的9.2%下降至90分位点上的5.3%,但是在整个工资分布上,固定期限劳动合同对农民工工资的提升作用都是显著存在的;无固定期限劳动合同对农民工工资的影响力度没有表现出明显的变动方向,集中在5%~9%;同样,在整个工资分布上,无固定期限劳动合同对农民工工资的提升作用显著存在。

第五节 本章小结

本章介绍的研究方法在劳动经济学领域均得到了学者们的广泛应用。本章梳理了欧洲国家关于固定期限劳动合同工资效应的经验研究结果,大多数研究结果表明永久劳动合同工人的工资高于固定期限劳动合同工人的工资。其中,一些研究表明固定期限劳动合同只是永久劳动合同的"跳板"(stepping stone)(Mertens and McGinnity,2004;Scherer,2004;Gagliarducci,2005;De Graaf-Zijl et al.,2011);然而也有一些研究认为固定期限劳动合同是企业应对市场条件变化的一种筛选机制(Amuedo-Dorantes,2000;Kurz and Steinhage,2001;Engellandt and Riphahn,2004;Ichino et al.,2005;Nannicini,2006;Güell and Petrongolo,2007;Picchio,2008)。

不同的研究结论主要基于不同的劳动力市场状况,例如Mertens和McGinnity(2004)应用1995—2000年的混合数据研究表明,在德国签订固定期限劳动合同工人中有40%的工人在1年之后签订了永久劳动合同,其中70%是在同一企业中由固定期限劳动合同转变为永久劳动合同,说明固定期限劳动合同更多地是发挥"跳板"的作用。其原因是德国固定期限劳动合同比例较低,仅占 7% 左右(Rudolph,2000),并且只有 30% 的永久劳动合同员工能够获得解雇费(Goerke and Pannenberg,2005);而在西班牙,Güell 和 Petrongolo(2007)的研究指出随着固定期限劳动合同比例的增加,固定期限劳动合同过渡到无固定期限劳动合同的比例逐渐降低,从 1987 年的 18% 下降至 1996 年的 5%,验证了无固定期限劳动合同是用工企业应对冲击时调整雇佣数量的灵活机制,而不是永久劳动合同的"跳板"。

中国劳动力市场的发育程度较低,与欧洲国家的劳动力市场状况存在较为显著的差异。第一,固定期限劳动合同的引入,在西方国家是为了提高劳动力市场的灵活性,改善劳动力市场僵化并降低整体失业率;而在中国,《劳动合同法》的实施是为了保障劳动者的合法权益,尤其在农民工群体中,仍存在大量的农民工未签订任何书面形式的劳动合同,合法权益难以得到保障。第二,中国与欧洲成熟的劳动力市场在解雇工人的成本方面存在较大的差异。Dominique 等(2001)基于 1 000 家法国公司的面板数据进行分析,发现企业解雇员工比雇用员工的成本更高。这与中国劳动力市场(尤其是农民工劳动力市场)存在非常大的差距,企业解聘农民工往往是零成本的(总报告起草组,2006)。第三,在工会力量方面,西方发达国家的工会力量要明显强于中国,中国的工会体系并不完善。Ayala 等(2002)基于 OECD 国家的数据,发现工会的力量降低了失业率和工作替代率;在中国,工会通常代表是的企业的利益,而不是劳动者的利益。Tribó(2005)对西班牙的劳动力市场进行了检验,发现集体谈判覆盖西班牙劳动力的 68%。工会在这些劳动力市场中,常常为了保持与企业讨价还价的能力而选择集体签订短期合约,这种集体谈判与中国农民工个体的零散谈判完全不同。换言之,工会的作用在中国的农民工群体中基本不存在。

Arulampalam 和 Booth(1998)、Booth 等(2002)、OECD(2004)以及 Burgess 和 Connell(2006)的研究均表明签订临时合同的劳动者接受培训的概率较低,不倾向于进行专用人力资本投资。De Witte 和 Naswall(2003)、

Cuyper 和 Witte(2006)研究表明,签订临时劳动合同的劳动者对工作的不稳定性更加敏感;Farber(1999)、Siebern-Thomas(2005)认为从就业稳定性、工资和职业前景的角度而言,临时合同劳动者的工作满意度较低。因此,在中国的背景下分析劳动合同对农民工劳动报酬的影响很有必要。

第三章 劳动合同签订对农民工劳动报酬的影响

20世纪80年代以来,我国大量农村剩余劳动力进入城市,成为城市劳动力市场中的特殊群体——农民工。由于农民工的知识水平和技能水平较低,同时劳动力市场中存在针对农民工就业和工资获得的户籍歧视,导致农民工通常只能从事技术含量较低的劳动密集型工作,劳动强度较大,收入水平较低,员工福利较差(王美艳,2005)。2008年1月1日实施的《劳动合同法》,旨在保护包括农民工在内的低技能劳动者的合法权益,共享中国经济快速增长的成果。自《劳动合同法》实施以来,农民工劳动合同签订率逐年提高。劳动合同不仅保护了农民工获得合理工资收入和合理工作时间等权益,而且有助于增强农民工的就业稳定性。然而,截至2013年,仍有30%以上的农民工未签订任何劳动合同。那么,影响农民工签订劳动合同的因素有哪些?农民工的就业选择是否与劳动合同签订有关?劳动合同是否能够显著地促进农民工工资增长和社会保险享有,进而促进农民工劳动报酬水平提升?

最初,经济学者通常应用带有劳动合同解释变量的工资方程研究劳动合同的收入效应。由于签订劳动合同的许多影响因素决定着工资的高低,模型存在内生性问题,导致估计结果有偏。为解决内生性问题,孙睿君和李子奈(2010)应用 Heckman(1979)两阶段法建立工资方程(针对劳动合同)的样本选择偏差修正模型,并应用 Oaxaca(1973)分解方法估算劳动合同的收入效应。然而,由于工资方程的设定仅考虑了劳动合同选择偏差修正,没有考虑就业选择偏差修正,势必导致估计结果存在偏差。

Tunali(1986)在研究不同部门工资差异时提出了同时考虑就业选择和部门选择的工资方程双重样本选择偏差修正模型。然而,Tunali模型的使用前提为就业选择和部门选择相互独立,但事实上两者常常密切相关,因此Tunali模型应用非常有限。Heitmueller(2006)提出两者存在相关性的双重样本选择偏差修正模型,为问题解决提供了一个有效途径。郭凤鸣和张世伟(2010)应用Heitmueller方法研究了国有部门和非国有部门中的性别工资差异问题。但迄今为止,尚无学者应用工资方程的双重样本选择偏差修正模型来研究劳动合同收入效应问题。

关于劳动合同对农民工收入影响的研究相对较少,主要缘于《劳动合同法》颁布实施时间尚短。刘林平和张春泥(2007)通过对珠江三角洲进城务工人员数据的分析,发现劳动合同对于收入的影响并不显著。然而,陈祎和刘阳阳(2010)通过对北京市外来务工人员数据的分析,发现签订劳动合同将导致农民工月工资提高14.0%～14.9%。才国伟和刘冬妍(2014)基于珠三角城市农民工数据的分析,发现农民工签订合同能够增加3.78%的工资收入。由于这些研究均采用部分地区的调查数据,未能反映中国劳动力市场的整体状况。同时,工资并不是农民工劳动报酬的全部,仅仅考虑劳动合同的工资效应将不仅导致对劳动报酬效应的低估,而且忽略了《劳动合同法》保护农民工员工福利合法权益的政策目标(张世伟和郭凤鸣,2009)。

综上所述,依据2013年流动人口动态监测调查数据,本章拟应用双重样本选择偏差修正模型对签订劳动合同和未签订劳动合同农民工的劳动报酬方程进行回归分析,并应用Neuman-Oaxaca(2004)分解方法分析劳动合同对农民工劳动报酬的影响。

第一节 劳动报酬方程的双重样本选择模型和劳动报酬差异分解方法

一、劳动报酬方程设定

劳动报酬方程是研究签订劳动合同和未签订劳动合同农民工之间劳动报酬差异的基础。本章将签订劳动合同和未签订劳动合同农民工劳动报酬方程设定如下：

$$\ln y_{i,t} = X'_{i,t}\beta_t + \varepsilon_{i,t} \tag{3.1}$$

$$\ln y_{i,c} = X'_{i,c}\beta_c + \varepsilon_{i,c} \tag{3.2}$$

其中，t 表示签订劳动合同，c 表示未签订劳动合同，$\ln y_i$ 表示农民工 i 的小时劳动报酬对数，X_i 表示影响劳动报酬的个体特征变量，β 表示个体特征的回归系数，$\varepsilon \sim N(0, \sigma^2)$ 表示随机误差项。对于式(3.1)和式(3.2)而言，只有就业个体才能够被观测到，非就业的个体是观测不到的，因此存在样本的截断效果，需要针对就业进行样本选择偏差修正。同时，劳动合同签订并不是随机的，其受到多方面因素的影响，需要针对劳动合同签订进行样本选择偏差修正。

因此，参照 Heitmueller(2006)的观点，本章应用双重样本选择偏差修正模型来研究签订劳动合同和未签订劳动合同农民工的劳动报酬。首先，应用 Tunali(1986)的做法，对双重样本选择的问题进行检验，将个体劳动参与和劳动合同签订选择的方程分别设定为：

$$P^*_i = Z'_i \kappa + u_i \tag{3.3}$$

$$S_i^* = B_i'\nu + \upsilon_i \tag{3.4}$$

其中,P_i^* 和 S_i^* 分别表示农民工就业和劳动合同签订的潜变量,Z 和 B 表示就业选择和劳动合同签订选择的影响因素,κ 和 ν 为个体特征的回归系数,$u_i \sim N(0,1)$ 和 $\upsilon_i \sim N(0,1)$ 表示随机扰动项。由于潜变量不可观测,因此定义指示函数如下:

$$P_i = \begin{cases} 1 & P_i^* > 0 \\ 0 & P_i^* \leqslant 0 \end{cases}$$

$$S_i = \begin{cases} 1 & S_i^* > 0 \\ 0 & S_i^* \leqslant 0 \end{cases}$$

其中,P_i 表示农民工是否劳动参与(1 表示劳动参与,0 表示劳动不参与),S_i 表示个体是否签订劳动合同(1 表示签订劳动合同,0 表示未签订劳动合同)。其中,S_i 只有在 $P_i = 1$ 时才可以观测到。

如果个体劳动参与决策与劳动合同签订决策是相互独立的,即误差项的相关系数 $\rho_{u\upsilon} = 0$,则可以直接应用扩展 Heckman 两阶段法,分别对式(3.2)和式(3.3)进行 Probit 回归,并计算样本选择偏差修正项。签订劳动合同农民工劳动报酬方程的劳动参与和劳动合同签订选择修正项可以分别表示为:

$$\hat{\lambda}_{i,P_1} = \phi(Z_i'\kappa)/\Phi(Z_i'\kappa) \tag{3.5}$$

$$\hat{\lambda}_{i,S_1} = \phi(B_i'\nu)/\Phi(B_i'\nu) \tag{3.6}$$

未签订劳动合同农民工劳动报酬方程的劳动参与和劳动合同签订选择修正项可以分别表示为:

$$\hat{\lambda}_{i,P_0} = \phi(Z_i'\kappa)/\Phi(Z_i'\kappa) \tag{3.7}$$

$$\hat{\lambda}_{i,S_0} = -\phi(B_i'\nu)/-\Phi(B_i'\nu) \tag{3.8}$$

其中，$\phi(\cdot)$ 和 $\Phi(\cdot)$ 分别表示单变量标准正态密度函数和分布函数。由于签订劳动合同和未签订劳动合同农民工的劳动报酬只有在参与个体中可以观测到，因此，$\hat{\lambda}_{i,P_t} = \hat{\lambda}_{i,P_u}$。

然后，将劳动参与和劳动合同签订选择两个样本选择偏差修正项加入到劳动报酬式(3.1)和式(3.2)中，那么农民工劳动报酬方程可重新表示为：

$$E(\ln y_{t,i} \mid X'_{t,i}, P_i = 1, S_i = 1) = X'_{t,i}\beta_t + \rho_{t,p}\hat{\lambda}_{t,p,i} + \rho_{t,s}\hat{\lambda}_{c,s,i} \tag{3.9}$$

$$E(\ln y_{c,i} \mid X'_{c,i}, P_i = 1, S_i = 0) = X'_{c,i}\beta_c + \rho_{c,p}\hat{\lambda}_{c,p,i} + \rho_{c,s}\hat{\lambda}_{c,s,i} \tag{3.10}$$

如果个体劳动参与决策与劳动合同签订决策是密切相关的，即 $\rho_{uv} \neq 0$，则需要对两个选择方程建立双变量 Probit 模型。借鉴 Heitmuller (2006) 研究不同部门工资差异的研究方法，假定 (ε_j, u, v) 服从均值为 0，$j = t$ 或 c，协方差矩阵为 Σ_j 的联合正态分布，其中：

$$\Sigma_j = \begin{bmatrix} \sigma^2_{\varepsilon_j \varepsilon_j} & \sigma_{\varepsilon_j u_j} & \sigma_{\varepsilon_j v} \\ & \sigma^2_{v} & \sigma_{vu} \\ & & \sigma^2_{u} \end{bmatrix}$$

则签订劳动合同农民工劳动报酬方程的劳动参与和合同选择修正项可以分别表示为：

$$\hat{\lambda}_{i,P_t} = \phi(Z'_i \kappa) \Phi\left(\frac{B'_i \hat{u} - \rho_{uv} Z'_i \kappa}{(1-\rho^2_{uv})^{1/2}}\right) / F(B'_i \hat{u}, Z'_i \kappa, \rho_{uv}) \tag{3.11}$$

$$\hat{\lambda}_{i,S_t} = \phi(B'_i \hat{u}) \Phi\left(\frac{Z'_i \kappa - \rho_{uv} B'_i \hat{u}}{(1-\rho^2_{uv})^{1/2}}\right) / F(B'_i \hat{u}, Z'_i \kappa, \rho_{uv}) \tag{3.12}$$

未签订劳动合同农民工劳动报酬方程的劳动参与和合同选择修正项可

以分别表示为：

$$\hat{\lambda}_{i,P_u} = \phi(Z_i'\kappa)\Phi\left[-\frac{B_i'\hat{u} - \rho_{uv}Z_i'\kappa}{(1-\rho_{uv}^2)^{1/2}}\right] / F(-B_i'\hat{u}, Z_i'\kappa, -\rho_{uv}) \qquad (3.13)$$

$$\hat{\lambda}_{i,S_v} = -\phi(B_i'\hat{u})\Phi\left[\frac{Z_i'\kappa - \rho_{uv}B_i'\hat{u}}{(1-\rho_{uv}^2)^{1/2}}\right] / F(-B_i'\hat{u}, Z_i'\kappa, -\rho_{uv}) \qquad (3.14)$$

其中，$F(\cdot)$为二元标准正态分布函数，则签订劳动合同和未签订劳动合同农民工劳动报酬方程表示为：

$$E(\ln y_{i,t} \mid X_i', P_i=1, S_i=1) = X_{i,t}'\beta_t + \sigma_{\varepsilon,u}\hat{\lambda}_{i,t,p} + \sigma_{\varepsilon,v}\hat{\lambda}_{i,t,s} \qquad (3.15)$$

$$E(\ln y_{i,c} \mid X_i', P_i=1, S_i=1) = X_{i,c}'\beta_c + \sigma_{\varepsilon,u}\hat{\lambda}_{i,c,p} + \sigma_{\varepsilon,v}\hat{\lambda}_{i,c,s} \qquad (3.16)$$

根据人力资本理论，教育和培训有助于劳动者的就业和劳动合同签订。根据生命周期理论，年龄较大的劳动者就业倾向较低。根据劳动供给理论，已婚和学龄前儿童通常会对男性劳动者就业产生积极影响，但会对女性劳动者就业产生消极影响。根据区域经济理论，经济发展水平较高的区域就业机会较多，劳动者就业概率较大。此外，单位所有制类型通常会影响劳动者的劳动合同签订率。因此，本章选择受教育年限、年龄、接受培训（以未接受培训为参照）、已婚（以未婚为参照）、有学龄前儿童（以没有学龄前儿童为参照）、东部地区或中部地区（以西部地区为参照）作为就业方程的解释变量；选择受教育年限、接受培训、不同类型所有制单位（以私营企业为参照）作为劳动合同选择方程的解释变量。

根据人力资本理论，劳动者的劳动报酬取决于其劳动生产率，而教育和培训有助于劳动生产率的提升。根据生命周期理论，随着劳动者年龄（或经验）的增长，其劳动报酬通常呈现先上升后下降的"倒U"形变动趋势。根据劳动供给理论，已婚和学龄前儿童通常导致男性劳动者在劳动力市场中投入较多的精力，导致女性劳动者在家庭中投入较多的精力。

根据区域经济理论,地区经济发展水平越高,劳动者的劳动报酬水平越高。因此,本章选择受教育程度(以小学及以下为参照)、接受培训、经验(和经验平方)、已婚(以未婚为参照)、有学龄前儿童(以没有学龄前儿童为参照)、东部地区或中部地区(以西部地区为参照)作为劳动报酬方程的解释变量。

二、劳动报酬差异分解

根据签订劳动合同和未签订劳动合同农民工劳动报酬式(3.15)和式(3.16)的回归结果,应用传统的 Neuman 和 Oaxaca(2004)劳动报酬差异分解方法,签订劳动合同和未签订劳动合同农民工的劳动报酬对数均值差异可以分解为如下三部分:

$$\begin{aligned}\ln \bar{y}_t - \ln \bar{y}_c &= (X'_{i,t}\beta_t + \sigma_{\varepsilon,u}\hat{\lambda}_{i,t,p} + \sigma_{\varepsilon,v}\hat{\lambda}_{i,t,s}) \\ &\quad - (X'_{i,c}\beta_c + \sigma_{\varepsilon,u}\hat{\lambda}_{i,c,p} + \sigma_{\varepsilon,v}\hat{\lambda}_{i,c,s}) \\ &= (X'_{i,t} - X'_{i,c})\hat{\beta}_t + X'_{i,c}(\hat{\beta}_t - \hat{\beta}_c) \\ &\quad + [(\sigma_{\varepsilon,u}\hat{\lambda}_{i,t,p} + \sigma_{\varepsilon,v}\hat{\lambda}_{i,t,s}) \\ &\quad - (\sigma_{\varepsilon,u}\hat{\lambda}_{i,c,p} + \sigma_{\varepsilon,v}\hat{\lambda}_{i,c,s})]\end{aligned} \quad (3.17)$$

在式(3.17)中,$(X'_{i,t} - X'_{i,c})\hat{\beta}_t$ 表示签订劳动合同和未签订劳动合同农民工的个体特征差异,为劳动报酬差异中可解释的部分;$X'_{i,c}(\hat{\beta}_t - \hat{\beta}_c)$ 表示个体特征回报(回归方程的系数)导致的劳动报酬差异,即劳动合同对农民工劳动报酬的影响,为劳动报酬差异中不可解释的部分;$[(\sigma_{\varepsilon,u}\hat{\lambda}_{i,t,p} + \sigma_{\varepsilon,v}\hat{\lambda}_{i,t,s}) - (\sigma_{\varepsilon,u}\hat{\lambda}_{i,c,p} + \sigma_{\varepsilon,v}\hat{\lambda}_{i,c,s})]$ 表示由双重样本选择性偏误导致的劳动报酬差异,第三项是不可观测到的与劳动生产力有关的个人特征的差别(Heitmueller, 2006)。

第二节　劳动合同选择和劳动
　　　　报酬差异的统计描述

本章的数据来源于国家卫生和计划生育委员会2013年流动人口动态监测调查中的8城市融合数据,8城市包括东部地区的上海市、苏州市、无锡市和泉州市,中部地区的长沙市和武汉市,以及西部地区的西安市和咸阳市。调查内容涉及劳动者的人口统计学信息、人力资本信息和就业信息。本章仅关注处于劳动年龄的农民工,在剔除了劳动合同项缺失或工资项缺失的个体之后,得到的样本包括4 753个男性农民工和4 921个女性农民工。

表3-1给出了签订劳动合同和未签订劳动合同农民工月(和小时)劳动报酬和工作时间的均值和标准差,[①]可以发现,农民工总体就业率为86.51%,其中男性农民工就业率为95.67%、女性农民工就业率为77.67%,说明男性农民工就业率较高,而女性农民工就业率较低。农民工总体劳动合同签订率为68.17%,其中男性农民工劳动合同签订率为66.99%、女性农民工劳动合同签订率为69.57%,说明尚有30%以上的农民工并未签订任何劳动合同。签订劳动合同农民工的月劳动报酬明显高于未签订劳动合同农民工的月劳动报酬,签订劳动合同男性农民工和女性农民工的月劳动报酬分别比未签订劳动合同男性农民工和女性农民工的月劳动报酬高22.04%和30.61%。农民工总体的平均周工作时间在55小时以上,严重超过了规定的40小时标准周工作时间,说明农民工群体普遍存在过度劳动的现象。签订劳动合同的农民工比未签订劳动合同的农民工周工作时间减少

---

① 调查数据中未提供劳动报酬数据。劳动报酬包括工资和员工福利,其中员工福利主要为社会保险享有。根据农民工享有的社会保险,本文按照社会保险缴费比例计算得出员工福利金额,进而得到农民工劳动报酬数据。

4小时左右，说明签订劳动合同能够在一定程度上抑制农民工的过度劳动。与签订劳动合同农民工相比，未签订劳动合同农民工工作时间较长，导致签订劳动合同男性农民工和女性农民工的小时劳动报酬分别比未签订劳动合同男性农民工和女性农民工的小时劳动报酬高32.33%和40.62%，说明签订劳动合同有助于农民工劳动报酬的明显提升。

表3-1 签订和未签订劳动合同农民工的劳动报酬和工作时间

劳动报酬和 工作时间	签订劳动合同		未签订劳动合同	
	男 性	女 性	男 性	女 性
月劳动报酬（元）	3 961.40 (2 062.01)	3 140.19 (1 579.21)	3 246.10 (1 579.21)	2 404.29 (945.86)
工作时间（小时/周）	55.95(13.23)	54.83(13.22)	60.20(13.77)	58.60(14.29)
小时劳动报酬（元）	17.60(10.79)	14.16(8.48)	13.30(8.36)	10.07(4.94)
样本量	3 046	2 659	1 501	1 163

注：括号内为标准差。下同。

当然，签订劳动合同和未签订劳动合同农民工之间劳动报酬差异，可能不仅缘于是否签订劳动合同，而且缘于两类农民工之间的个体特征和就业特征差异。表3-2给出了签订劳动合同和未签订劳动合同农民工的个体特征和就业特征的均值和标准差：签订劳动合同农民工的受教育年限明显高于未签订劳动合同农民工（男性农民工受教育年限高0.86年，而女性农民工受教育年限高0.79年），签订劳动合同的男性农民工和女性农民工接受培训的比例分别比未签订劳动合同的男性农民工和女性农民工接受培训的比例高9.72%和8.55%，说明签订劳动合同农民工的人力资本水平明显高于未签订劳动合同农民工的人力资本水平，较高的人力资本水平暗示着签订劳动合同农民工将获得较高的劳动报酬。无论是否签订劳动合同，绝大多数农民工在个体企业、私营企业和三资企业工作；签订劳动合同的农民工在党政机关、国有企业、集体企业和三资企业工作的相对较多，而未签订劳动合同的农民工在私营企业和个体企业工作的相对较多，农民工在党政机关、国有企业、集体企业和三资企业就业的薪酬水平通常要高于在私营企业和个体企业就业的薪酬水平。签订劳动合同农民工在东部地区就业比例明显高于未签订劳动合同农民工，而在中部地区和西部地区就业比例明显低于未签订劳动合同农民工。由于中部地区和西部地区经济发展水平较低，东部地区经济发展水平较高，东部地区较高的就业比例将对签订劳动合同农民工的劳动报酬产生积极影响。

表3-2 签订劳动合同和未签订劳动合同农民工的个体特征 （%）

个体特征	签订劳动合同 男性	签订劳动合同 女性	未签订劳动合同 男性	未签订劳动合同 女性
受教育年限（年）	10.23(2.35)	9.80(2.48)	9.37(2.21)	9.01(2.78)
培训	16.12	16.55	6.40	8.00
经验（年）	15.97(9.93)	14.48(9.28)	17.54(10.60)	16.82(10.34)
党政机关	1.54	1.81	0.47	1.55
国有企业	4.86	2.37	1.27	0.95
集体企业	4.27	4.55	5.06	2.41
个体企业	8.77	10.27	21.85	25.62
三资企业	23.18	26.44	3.93	4.13
私营企业	55.61	53.59	59.89	61.56
土地经营者	0.46	0.15	1.27	0.34
其他企业	1.31	0.83	6.26	3.44
东部地区	75.94	79.43	60.46	62.38
中部地区	11.49	10.46	16.87	19.45
西部地区	12.57	10.12	22.67	18.17

由于只能观测就业农民工的劳动报酬，同时农民工是否就业并非随机分配的，因此就业和未就业农民工个体特征可能存在明显差异。表3-3给

出了就业和未就业农民工个体特征的均值和标准差：就业农民工的受教育年限略高于未就业农民工的受教育年限,就业农民工接受培训的比例明显高于未就业农民工接受培训的比例(男性农民工接受培训比例高4.66%,而女性农民工接受培训比例高7.03%),较高的人力资本水平暗示着较高的就业率。就业男性农民工的已婚比例和学龄前儿童比例明显高于未就业男性农民工的已婚比例和学龄前儿童比例,而就业女性农民工的已婚比例和学龄前儿童比例明显低于未就业女性农民工的已婚比例和学龄前儿童比例,较高的已婚比例和学龄前儿童比例暗示着较高的男性就业率和较低的女性就业率。从区域经济的角度,中部地区和西部地区农民工的就业率明显低于东部地区农民工的就业率,主要缘于中部地区和西部地区经济相对落后,而东部地区经济比较发达;与中部地区相比,西部地区男性农民工就业率较低,而女性农民工就业率较高,主要缘于中部地区制造业比较密集,导致对男性农民工需求较大,而西部地区服务业比较密集,导致对女性农民工需求较大。

表3-3　就业和未就业农民工的个体特征　　　　　　　　(%)

个体特征	男性		女性	
	就业	未就业	就业	未就业
受教育年限(年)	9.94(2.34)	9.83(2.54)	9.56(2.60)	9.37(2.41)
培训	12.91	8.25	13.95	6.92
年龄(年)	32.43(9.24)	33.33(11.37)	30.75(8.28)	30.87(7.26)
已婚	71.61	66.99	72.61	95.45
学龄前儿童	30.97	26.21	29.77	65.33
东部地区	96.77	3.23	81.72	18.28
中部地区	93.42	6.58	64.62	35.38
西部地区	92.73	7.27	70.44	29.56

综上,由于就业和未就业农民工之间的个体特征存在明显差异,签订劳

动合同和未签订劳动合同农民工之间的个体特征和就业特征存在明显差异,为了准确地度量劳动合同对农民工劳动报酬的影响,需要应用微观经济计量模型控制个体特征和就业特征异质性,并修正可能由就业选择和劳动合同选择导致的样本选择偏差。

第三节 劳动报酬方程的双重样本选择的分析结果

一、就业选择和劳动合同选择模型的估计结果

表 3-4 给出了应用极大似然方法对就业选择和劳动合同选择的双变量 Probit 模型进行回归的结果,①即男性农民工就业选择和劳动合同选择方程之间误差项的相关系数为 0.420 7(且在 10% 的置信水平下显著),女性农民工就业选择和劳动合同选择方程之间误差项的相关系数为 0.827 4(且在 1% 的置信水平下显著),说明农民工的就业选择和劳动合同选择明显相关,意味着模型设定是恰当的。

表 3-4 就业选择和劳动合同选择的双变量 Probit 回归模型结果

解释变量	男性 就业	男性 劳动合同	女性 就业	女性 劳动合同
受教育年限	0.090 4	0.072 7***	0.039 8	0.078 8***
培训	0.427 2**	0.650 0***	0.437 9**	0.588 3***
年龄	-0.020 2**	—	0.000 5	—
已婚	0.669 3***	—	0.117 7	—

① 使用 Stata12 软件的部分可观测 Biprobit 命令计算得出。

续 表

解释变量	男性 就业	男性 劳动合同	女性 就业	女性 劳动合同
学龄前儿童	-0.2357	—	0.0949	—
党政机关	—	1.6938***	—	1.7821***
国有企业	—	5.5786***	—	4.8312***
集体企业	—	0.9932***	—	2.3248***
三资企业	—	2.3713***	—	4.1489
个体企业	—	0.9101***	—	1.5331***
土地经营者	—	0.3815	—	1.0810**
其他企业	—	-0.0416	—	0.6040***
东部地区	1.2781***	—	1.1747***	—
中部地区	0.1405	—	0.2303	—
常数项	-0.1787	-1.1444***	-0.2107	-1.8124***
误差项相关系数	0.4207		0.8274	
P 值	0.0955		0.0000	

注：*、**、*** 分别表示在10%、5%和1%的水平下显著。下同。

从就业选择方程的回归结果中可以发现，培训对农民工就业产生了显著的正向影响，说明培训可以提高农民工的技能、增加农民工的就业机会、促进农民工就业，符合人力资本理论预期。随着年龄增长，男性农民工就业概率逐渐下降，主要缘于男性农民工主要从事劳动密集型工作，个人体力随着年龄增长而下降，符合生命周期理论预期。已婚的男性农民工具有较高的就业概率，主要缘于已婚意味着更多的家庭责任，因而男性农民工具有更强的就业倾向，符合家庭劳动供给理论预期。与西部地区相比，东部地区农民工就业率明显较高，主要缘于东部地区经济发达，劳动力市场效率较高，因而农民工具有较多的就业机会，符合区域经济理论预期。

从就业选择方程的回归结果中可以发现,培训对农民工就业产生了显著的正向影响,说明培训可以提高农民工的技能、增加农民工的就业机会、促进农民工就业,符合人力资本理论预期。随着年龄增长,男性农民工就业概率逐渐下降,主要缘于男性农民工主要从事劳动密集型工作,个人体力随着年龄增长而下降,符合生命周期理论预期。已婚的男性农民工具有较高的就业概率,主要缘于已婚意味着更多的家庭责任,因而男性农民工具有更高的就业倾向,符合家庭劳动供给理论预期。与西部地区相比,东部地区农民工就业率明显较高,主要缘于东部地区经济发达,劳动力市场效率较高,因而农民工具有较多的就业机会,符合区域经济理论预期。

劳动合同选择方程的回归结果显示,农民工签订劳动合同的概率随着受教育年限的增加而增大,接受过培训的农民工签订劳动合同的概率较高,说明教育和培训有助于农民工签订劳动合同,符合人力资本理论预期。与私营企业相比,农民工工作在国有企业、党政机关事业单位和集体企业中签订劳动合同的概率较高,主要缘于国有企业、党政机关事业单位和集体企业规模较大,单位比较正规,《劳动合同法》落实情况较好。男性农民工工作在三资企业中签订劳动合同的概率较高,也主要缘于三资企业对《合同劳动法》落实情况较好。

二、劳动报酬方程回归结果

依据就业选择和劳动合同选择的双变量 Probit 回归结果,对签订劳动合同农民工和未签订劳动合同农民工分别计算修正就业选择和劳动合同选择的逆米尔斯比1和逆米尔斯比2,并将其加入劳动报酬方程中进行回归。劳动报酬方程的估计结果显示(见表3-5),在签订劳动合同农民工劳动报酬方程的回归结果中,多数修正项的系数是显著的,说明修正样本选择偏差是必要的。教育有助于农民工劳动报酬增长,培训有助于签订劳动合同男性农民工劳动报酬增长,符合人力资本理论预期。经验对农民工劳动报酬的影响呈现出先上升后下降的变动趋势,这与生命周期理论预期是一致的。已婚导致男性农民工获得较高的劳动报酬,符合劳动供给理论的预期。东部地区农民工劳动报酬水平最高,中部地区农民工次之,而西部地区农民工劳动报酬水平最低,这与中国区域经济发展水平是一致的。

表3-5 劳动报酬方程回归结果

解释变量	男性		女性	
	签订劳动合同	未签订劳动合同	签订劳动合同	未签订劳动合同
初中	0.081 5***	0.028 4	0.058 5	0.052 2
高中及中专	0.258 5***	0.129 8**	0.194 6***	0.182 3***
大专及以上	0.636 6***	0.444 5***	0.362 2***	0.351 8***
培训	0.106 8***	0.085 5	0.001 8	-0.029 7
经验	0.019 6***	0.021 7***	0.018 1***	0.019 3***
经验平方	-0.000 6***	-0.000 5***	-0.000 5***	-0.000 5***
已婚	0.301 2***	0.180 5***	-0.024 6	-0.031 5
学龄前儿童	-0.048 4	-0.001 7	0.000 6	-0.002 0
东部地区	0.408 0***	0.244 7**	0.318 6***	0.238 3***
中部地区	0.140 6***	0.186 7***	0.177 6***	0.152 3***
逆米尔斯比1	0.567 8***	0.131 8	0.448 2***	0.019 2
逆米尔斯比2	-0.187 7***	0.037 6	0.008 1	-0.014 3
截距项	1.908 7***	1.919 8***	1.761 4***	1.823 9***

比较签订劳动合同和未签订劳动合同农民工劳动报酬方程的回归结果可以发现,与未签订劳动合同农民工相比,签订劳动合同农民工的教育回报明显较高,说明签订劳动合同农民工的知识能够更好地得到应用。签订劳

动合同农民工的经验回报略低于未签订劳动合同农民工,说明在未签订劳动合同的农民工中可能存在轻微的"论资排辈"现象。在签订劳动合同的男性农民工中,培训能够明显地提升其劳动报酬水平,说明签订劳动合同的男性农民工的技术能够更好地得到应用。与未签订劳动合同的农民工相比,签订劳动合同农民工的东部地区回报明显较高,说明经济发展水平较高的地区,劳动力市场较规范,进而导致农民工获得较高的劳动报酬。

三、劳动报酬差异分解结果

根据劳动报酬方程的回归结果,对签订劳动合同和未签订劳动合同农民工的劳动报酬差异进行分解(见表3-6),可以发现,观测的签订劳动合同男性农民工和未签订劳动合同男性农民工的小时劳动报酬对数差异为0.263 1,签订劳动合同女性农民工和未签订劳动合同女性农民工的小时劳动报酬对数差异为0.318 7。通过对就业选择偏差和劳动合同选择偏差的修正,实际两类男性农民工的小时劳动报酬对数差异为0.276 4,女性农民工的小时劳动报酬对数差异为0.373 6,说明忽略就业选择和劳动合同选择,将导致对劳动报酬差异的低估。

表3-6 签订和未签订劳动合同农民工劳动报酬差异分解

劳动报酬差异	男 性	女 性
劳动报酬差异(观测)	0.263 1	0.318 7
就业选择偏差导致的劳动报酬差异	0.012 7	0.009 1
劳动合同选择偏差导致的劳动报酬差异	-0.026 0	-0.064 0
劳动报酬差异(实际)	0.276 4	0.373 6
个体特征导致的劳动报酬差异	0.134 0	0.104 0
劳动合同导致的劳动报酬差异	0.142 4	0.269 6

签订劳动合同和未签订劳动合同男性农民工之间劳动报酬差异的48.48%是由两类农民工个体特征和就业特征差异导致的,而劳动报酬差异的51.52%是由劳动合同导致的。签订劳动合同和未签订劳动合同女性农民工之间劳动报酬差异的27.84%是由两类农民工个体特征和就业特征差异导致的,而劳动报酬差异的72.16%是由劳动合同导致的。

结合表3-1中小时劳动报酬数据可以估算,签订劳动合同和未签订劳动合同男性农民工之间小时劳动报酬差异约为4.30元,签订劳动合同将导致男性农民工小时劳动报酬水平提升约15%;签订劳动合同和未签订劳动合同女性农民工之间小时劳动报酬差异约为4.09元,签订劳动合同将导致女性农民工小时劳动报酬水平提升约31%,说明签订劳动合同有助于农民工劳动报酬的显著提升。

第四节　本　章　小　结

依据2013年流动人口动态监测调查数据中的八城市融合数据,本章建立了签订劳动合同和未签订劳动合同农民工劳动报酬方程的双重样本选择偏差修正模型,用于分析两类农民工劳动报酬的决定。研究表明,农民工就业选择和劳动合同选择存在明显的相关性,相关系数达到0.420 7和0.827 4,说明有必要进行双重样本选择偏差修正,仅仅考虑劳动合同选择偏差修正或就业选择偏差修正将导致有偏的估计结果。

通过对劳动报酬方程回归分析发现,随着农民工受教育程度的提高,不仅其劳动报酬水平不断提高,而且其签订劳动合同概率也不断增大。培训不仅能够促进农民工就业,而且能够增大农民工签订劳动合同的概率,进而促进农民工劳动报酬水平的提高。目前,农民工人力资本水平普遍较低,大量农民工未完成九年制义务教育,绝大多数的农民工未接受过任何培训,较低的人力资本水平是农民工劳动报酬水平较低的根本原因,同时说明农村的教育和培训事业存在较大发展空间。因此,政府部门应大力发展农村的教育和培训事业,这将有助于促进农民工就业水平和劳动报酬水平的提高。

通过对劳动报酬差异分解分析发现,签订劳动合同和未签订劳动合同男性农民工之间的小时劳动报酬差异约为4.30元,劳动报酬差异的48%是由两类农民工之间个体特征和就业特征差异导致的,劳动报酬差异的52%是由劳动合同导致的,签订劳动合同将导致男性农民工劳动报酬水平提升15%。签订劳动合同和未签订劳动合同女性农民工之间的小时劳动报酬差异约为4.09元,劳动报酬差异的28%是由两类农民工个体特征和就业特征差异导致的,劳动报酬差异的72%是由劳动合同导致的,签订劳动合同将导致女性农民工劳动报酬水平提升31%。

造成签订劳动合同和未签订劳动合同农民工之间劳动报酬存在较大差异的主要原因:一方面,两类农民工之间人力资本存在显著差异(结构效应);另一方面,两类农民工之间人力资本的回报存在显著差异(价格效应)。通过数据的统计分析可以发现,签订劳动合同的农民工人力资本水平明显高于未签订劳动合同农民工;通过劳动报酬方程回归结果可以发现,签订劳动合同农民工的人力资本回报明显高于未签订劳动合同农民工。因此,政府部门应在发展教育和培训事业的同时,督促用工单位贯彻执行《劳动合同法》,提高农民工签订劳动合同的比例,这将有助于促进农民工的就业和劳动报酬水平的提升。

中国是一个发展中国家,农村存在大量剩余劳动力,促进农村剩余劳动力向城市合理有序转移是中国未来发展的必然。然而,由于农民工知识水平和技能水平相对较低,且在就业、工资获得和社会保障享有等方面受到歧视,导致农民工劳动报酬水平较低,很难真正融入现代城市。《劳动合同法》有助于保障农民工的基本权益,有助于农民工劳动报酬水平的显著提升。

目前,超过30%的农民工未与用工单位签订任何形式的劳动合同,同时存在许多农民工签订的劳动合同并不符合《劳动合同法》规定的标准。因此,政府部门应督促用工单位贯彻执行《劳动合同法》,提高劳动合同签订比例,这将不仅有助于农民工劳动报酬的显著提升,而且有助于构建和谐稳定的劳动关系。

第四章 不同期限类型劳动合同对农民工劳动报酬的影响

为了保护包括农民工在内的劳动者能够获得合理的劳动报酬,我国先后颁布实施了《劳动法》和《劳动合同法》等法律法规。随着时间推移,虽然农民工的劳动合同签订率逐渐提高,但仍有大量农民工未与用工单位签订任何形式的劳动合同(刘林平和陈小娟,2010)。农民工劳动合同签订的决定因素有哪些?签订劳动合同是否有助于农民工劳动报酬水平的提升?如果签订劳动合同有助于劳动报酬水平的提升,那么长期劳动合同和短期劳动合同哪一个效果更为明显?

根据补偿性工资理论,影响劳动者效用的不仅是货币收入,而且包括非货币收入,如工作环境和就业稳定性等(Rosen,1986)。由于长期劳动合同劳动者就业稳定性较高,因此相应的劳动报酬水平通常较低。然而,根据人力资本理论,长期劳动合同有助于企业和劳动者建立稳定的劳资关系,有助于促进企业和劳动者进行人力资本投资,因此长期劳动合同劳动者的劳动报酬水平通常较高(Hagen,2002)。根据效率工资理论,为引导劳动者努力工作,企业常常会支付高于均衡工资水平的效率工资,导致长期劳动合同劳动者的劳动报酬水平通常较高(Reibitzer and Taylor,1991)。同样,试用期理论认为,短期劳动合同通常可以发挥试用期作用,因此长期劳动合同劳动者的劳动报酬通常较高(Blanchard and Landier,2002)。

由于经济理论无法给出劳动合同对劳动报酬影响的一致预期。国外学者试图通过经验研究给出解答。一些研究结果显示，长期劳动合同劳动者的工资水平高于短期劳动合同劳动者的工资水平，符合人力资本理论和效率工资理论的预期（Hagen，2002）；但另一些研究结果却显示，短期劳动合同劳动者获得了更高的工资收入，工资表现出补偿性特征（Divia and Hernanz，2004）。

关于中国城镇劳动力市场中劳动合同对农民工劳动报酬影响的研究起步较晚，主要缘于《劳动合同法》实施时间较短和微观数据相对匮乏。近年来，随着微观数据日益丰富，经济学者开始研究劳动合同对农民工工资的影响。一些研究结果显示，劳动合同未对农民工工资产生显著影响（刘林平和张春泥，2007；刘林平和陈小娟，2010）；但另一些研究结果却显示，劳动合同对农民工工资增长产生了积极作用（孙睿君和李子奈，2010；陈祎和刘阳阳，2010；才国伟和刘冬妍，2014）。研究结果出现差异主要缘于样本选取的差异和经验研究方法的差异。

目前，研究劳动合同对农民工工资影响的经验研究方法主要包括：（1）回归方法，即将劳动合同项作为一个解释变量直接加入工资方程中，通过观察劳动合同项回归系数来判定劳动合同对工资的贡献。由于劳动合同选择方程影响因素和工资方程影响因素相互重叠，导致模型存在内生性的问题（Hagen，2004；Heckman and Navarro-Lozano，2004）。（2）分解方法，即分别对签订劳动合同群体和未签订劳动合同群体的工资方程进行回归，并应用分解方法对两类群体工资差异进行分析。由于该方法仍无法有效解决内生性问题，导致模型估计结果势必存在较大偏差。（3）倾向分匹配方法，即根据倾向分对实验组和对照组中相似个体进行匹配，通过比较匹配成功个体的收入差异来度量劳动合同对工资的影响。由于该方法有效地解决了模型的内生性问题，且具有"准自然实验"性质，同时对数据的要求不高，因此被广泛地用于政策评价领域。

然而，Crump 等（2009）指出，应用倾向分匹配方法估计平均处理效应时,常常由于实验组和对照组之间解释变量的分布缺少重叠而导致估计结果存在偏差,且可能使得一些常用的估计量敏感于模型设定。因此,他们提出了一种基于倾向分匹配的系统性样本选择方法,即首先应用倾向分匹配方法选择最优子样本以解决解释变量分布的有限重叠问题,然后应用一些标准方法对平均处理效应进行估计和推断。

理论上,劳动报酬包括两个方面:工资和员工福利。劳动合同不仅会对个体工资获得产生影响,而且会对个体员工福利享有产生影响。然而,关于劳动力市场制度对农民工劳动报酬影响的研究大多集中于工资获得方面,很少涉及员工福利享有方面(张世伟和郭凤鸣,2009)。依据珠三角农民工调查数据,李仲达和刘璐(2013)应用分解方法研究了劳动合同对农民工劳动报酬的影响,该研究的局限在于通过局部地区数据得出的研究结论可能不具有代表性;同时,由于分解方法无法有效地解决内生性问题,导致研究结论势必存在一定的偏差。

基于2007年中国家庭收入调查数据(CHIP),本章拟应用Crump等的系统性样本选择方法对样本进行筛选,并应用Horvitz-Thompson(HT)估计量分析长期劳动合同和短期劳动合同对农民工劳动报酬的影响。

第一节 处理效应研究方法

根据农民工是否签订劳动合同,本章将总体样本分成两个子样本:实验组和对照组。其中,实验组由签订劳动合同的个体组成,对照组由未签订劳动合同的个体组成。个体签订长期(或短期)劳动合同的概率(倾向分)可以表示为一个Logistic模型:

$$\Pr(T_i = 1 \mid X_i = X) = e(X) = \frac{\exp(X_i'\beta)}{1 + \exp(X_i'\beta)} \tag{4.1}$$

其中，T_i表示劳动力个体是否签订长期(或短期)劳动合同(虚拟变量，1：签订劳动合同，0：未签订劳动合同)，X_i表示影响劳动力个体签订劳动合同的特征向量，β为待估计的系数向量。

为了确保每个签订劳动合同的个体均存在一些具有类似特征的未签订劳动合同的个体与之匹配，即实验组和对照组之间个体特征存在充分重叠，需要对实验组和对照组样本进行筛选。依据Crump等的系统性样本选择方法，筛选的样本倾向分在$[\alpha, 1-\alpha]$区间内，其中最优截断值α是由倾向分的边际分布决定的，即α是下式的解：

$$\frac{1}{\alpha(1-\alpha)} = 2E\left[\frac{1}{e(X)\{1-e(X)\}} \middle| \frac{1}{e(X)\{1-e(X)\}} \leq \frac{1}{\alpha(1-\alpha)}\right] \tag{4.2}$$

首先，根据倾向分估计值求得最优截断值的估计值$\hat{\alpha}$。然后，根据最优截断值对样本进行系统筛选，对筛选样本重新应用Logistic模型计算每个个体倾向分，比较筛选后实验组和对照组的劳动报酬差异便可确定劳动合同对劳动报酬的影响$\hat{\tau}$(Horvitz-Thompson估计量)：

$$\hat{\tau} = \sum_{i=1}^{N} \frac{T_i Y_i}{\hat{e}(X_i)} \bigg/ \sum_{i=1}^{N} \frac{T_i}{\hat{e}(X_i)} - \sum_{i=1}^{N} \frac{(1-T_i)Y_i}{1-\hat{e}(X_i)} \bigg/ \sum_{i=1}^{N} \frac{1-T_i}{1-\hat{e}(X_i)} \tag{4.3}$$

其中，Y_i表示农民工小时劳动报酬对数。劳动报酬效应τ标准差可以通过自举(Bootstrap)方法求解。

根据专用人力资本理论，劳动者年龄越大，专用人力资本投资的收益越低，签订长期劳动合同的概率越小。已婚的劳动者更加愿意保持长期稳定的劳动关系，因此更倾向于签订长期劳动合同。根据试用期理论，衡量劳动者知识和技能的受教育程度和工作经验对劳动者签订劳动合同有两个方面的影响：一方面，公司倾向于选择能力强的劳动者签订劳动合同,劳动者的工作年限越长,受教育程度越高,签订长期劳动合同的概率越大;另一方面,短期劳动合同具有自选择效应,能力强的劳动者预期到试用期后被留用的概率较大,因而更愿意接受短期劳动合同,而能力弱的劳动者则更愿意等待签订长期劳动合同的工作。不同地区的经济发展水平和市场化程度不同,经济发展水平较高和市场化程度较高的地区,劳动合同法律法规的落实情况较好。工作单位的所有制形式和规模通常会对劳动合同的签订产生影响,工作单位越正规、工作单位规模越大,劳动合同法律法规的落实情况越好。因此,本章选择年龄、已婚(虚拟变量,以未婚作为参照组)、受教育年限、经验(当前职业年限)、经验平方、培训(虚拟变量,以未参加培训作为参照组)、地区(虚拟变量,中部地区作为对照组)、工作单位所有制(虚拟变量,以集体所有制为参照组)、工作单位规模(虚拟变量,以5人及以下作为对照组)作为劳动合同选择方程的解释变量。

第二节 不同期限劳动合同劳动报酬差异的统计描述

本章使用的数据来源于2007年中国家庭收入调查(CHIP)中的外来务工人员调查数据,调查范围涉及东部地区(包括江苏省、浙江省、广东省和上海市)、中部地区(包括河南省、湖北省和安徽省)和西部地区(包括四川省和重庆市),基本能够反映中国劳动力市场的总体情况。数据调查内容涉及个体的人口统计学信息(包括性别、年龄和婚姻状况等)、教育和培训信息、就业信息(包括职业、收入、工作时间和劳动合同等)、社会保险信息(包括失业保险、养老保险和住房公积金等),能够满足劳动经济学研究的基本要求。根据研究的需要,本章选择男性在16~60岁和女性在16~55岁从事工资性收入的个体,剔除工资项缺失或劳动合同项缺失或社会保险缴纳不清的农民工个体,[①]最终样本包括4 001个农民工个体。

在调查数据中,劳动合同的签订情况涉及固定工、长期合同工(1年及以上)、短期合同工(1年以下)、无合同临时工和打零工等。根据研究的需要,本章将劳动合同类型合并为三类:(1)长期劳动合同,包括固定工和长期合同工;(2)短期劳动合同;(3)无劳动合同,包括无合同临时工和打零工。

表4-1给出了长期合同、短期合同和无合同农民工的工资和工作时间的均值。可以发现,女性农民工和男性农民工劳动合同的签订率分别为55.98%和59.46%。农民工的平均月工资在1 102~1 510元,明显低于同期城镇职工的工资水平。对于男性农民工,长期合同工和短期合同工的月工资分别比无合同工的月工资高8.67%和8.80%;对于女性农民工,长期合同工和短期合同工的月工资比无合同工的月工资高15.23%和9.85%,说明签订劳动合同有助于农民工月工资水平的提升。农民工的周平均工作时间在56~64小时,明显超过周40小时的标准工作时间,普遍存在过度劳动现象。无论男性农民工还是女性农民工,长期合同工和短期合同工的工作时间明显低于无合同工,说明签订劳动合同有助于抑制农民工的过度劳动。农民工的小时工资在4.46~6.43元,明显低于同期城镇职工的小时工资水平。对于男性农民工,长期合同工和短期合同工小时工资较无合同工小时工资分别高16.95%和19.74%;对于女性农民工,长期合同工和短期合同工小时工资较无合同工小时工资分别高24.44%和20.18%,说明签订劳动合同明显地促进了农民工小时工资的提升。从合同期限影响工资报酬的角度来看,男性短期合同工工资略高于长期合同工,而女性长期合同工工资略高于短期合同工,长期合同工和

[①] 社会保险缴纳情况选项包括:"单位负担""自己购买""单位与自己共付""没有""不清楚"和"不适用"。本文剔除了选项为"单位与自己共付""不清楚"和"不适用"的个体。

短期合同工的工资水平没有明显差异。

表 4-1　长期合同、短期合同和无合同农民工的工资和工作时间均值

工资和工作时间	长期合同工		短期合同工		无合同工	
	男性	女性	男性	女性	男性	女性
月工资(元)	1 508.09	1 270.95	1 509.93	1 211.56	1 387.74	1 102.94
周工作小时	59.50	56.78	58.11	56.03	64.02	61.44
小时工资(元)	6.28	5.55	6.43	5.36	5.37	4.46
样本量	1 151	698	269	205	968	710

表 4-2 给出了长期合同、短期合同和无合同农民工的社会保障享有率。[①] 可以发现,无论是男性农民工还是女性农民工,长期合同工的失业保险、工伤保险、养老保险和住房公积金享有率均最高,而无合同工的失业保险、工伤保险、养老保险和住房公积金享有率均最低,意味着长期合同工的员工福利水平最高,而无合同工的员工福利水平最低,说明劳动合同有助于农民工员工福利的改善。同时可以发现,农民工社会保障的享有率非常低,长期合同工各项社会保障享有率均不超过19%,而短期合同工各项社会保险享有率均不超过12%,说明大量农民工签订的劳动合同未达到《劳动合同法》要求。

表 4-2　长期合同、短期合同和无合同农民工社会保障享有率　　(%)

合同类型	失业保险		工伤保险		养老保险		住房公积金	
	男性	女性	男性	女性	男性	女性	男性	女性
长期合同	10.95	9.31	18.42	13.47	14.68	12.61	4.34	3.58
短期合同	4.46	2.93	11.90	6.83	7.43	6.34	2.60	1.46
无合同	1.34	0.70	3.72	1.41	2.07	1.27	0.52	0.14

---

① 由于农民工医疗保险情况比较复杂,一些农民工参加新农合医疗保险,一些农民工参加城镇医疗保险,故本文未考虑医疗保险情况。

农民工的劳动报酬包括工资、单位支付的社会保障费用和单位的食宿补贴。4-3给出了长期合同、短期合同和无合同农民工的劳动报酬均值。可以发现,男性长期合同工和短期合同工的小时劳动报酬分别比无合同工高24.59%和20.09%,女性长期合同工和短期合同工的小时劳动报酬分别比无合同工高32.73%和20.14%,说明劳动合同有助于农民工劳动报酬水平的提升。无论男性还是女性,长期合同工的劳动报酬均最高,而无合同工的劳动报酬均最低,主要缘于长期合同工员工福利最高,而无合同工员工福利最低。因此,忽略员工福利将明显低估劳动合同对农民工劳动报酬的影响。

表4-3 长期合同、短期合同和无合同农民工的劳动报酬均值

劳动报酬	长期合同工		短期合同工		无合同工	
	男性	女性	男性	女性	男性	女性
月劳动报酬(元)	1 986.36	1 688.43	1 883.97	1 527.22	1 727.61	1 385.07
小时劳动报酬(元)	8.31	7.38	8.01	6.68	6.67	5.56
样本量	1 151	698	269	205	968	710

农民工的劳动报酬不仅与劳动合同有关,而且与农民工个体特征有关。表4-4给出了长期合同、短期合同和无合同农民工的个体特征均值(或比例)。可以发现,总体来看,农民工平均年龄30岁左右,接近一半的农民工未婚,说明大多数农民工为青壮年;农民工平均受教育年限仅9年左右,约有3/4的农民工未接受过培训,说明农民工人力资本水平较低;农民工当前职业平均年限不足3年,说明农民工职业变换比较频繁,专用人力资本投资不足。在年龄和已婚比例方面,长期合同工、短期合同工和无合同工并未表现出某种变动规律,总体上没有显著性差异。在人力资本方面,长期合同工受教育年限和培训率均最高,而无合同工受教育年限和培训率均最低,较高的人力资本意味着长期合同工较高的劳动报酬,较低的人力资本意味着无

合同工较低的劳动报酬,人力资本与劳动报酬的变动趋势一致。此外,女性农民工职业年限与劳动报酬的变动趋势一致,但男性则未呈现规律性的变动趋势。

表4-4 长期合同、短期合同和无合同农民工的个体特征均值(或比例)

个体特征	长期合同 男性	长期合同 女性	短期合同工 男性	短期合同工 女性	无合同工 男性	无合同工 女性
年龄	30.26	28.45	30.22	28.21	31.56	28.33
已婚(%)	52.55	56.45	47.96	52.68	53.20	50.70
受教育年限	9.37	9.22	9.26	9.10	8.75	8.79
培训(%)	33.88	26.36	26.77	22.44	24.48	20.14
当前职业年限	3.29	2.22	3.28	1.99	4.02	1.89

表4-5给出了农民工在不同所有制单位中的长期合同工、短期合同工和无合同工的比例(其中所有制单位按劳动报酬由高到低排列)。可以发现,80%以上的农民工在私营企业和个体企业就业,只有不到20%的农民工在三资企业、国有企业、集体企业和事业单位就业,说明劳动力市场存在针对农民工的就业歧视。在三资企业、国有企业和集体企业就业的农民工签订劳动合同(包括长期合同)的比例明显高于私营企业和个体企业,说明企业经营管理越规范,农民工签订劳动合同的比例越高,农民工平均劳动报酬越高。

表4-5 不同所有制单位中长期合同工、短期合同工和无合同工比例　　(%)

单位类型	长期合同工 男性	长期合同工 女性	短期合同工 男性	短期合同工 女性	无合同工 男性	无合同工 女性	样本量
三资企业	38.54	25.00	6.25	7.29	11.46	11.46	96
国有企业	37.44	16.26	11.33	6.40	22.66	5.91	203

续 表

单位类型	长期合同工 男性	长期合同工 女性	短期合同工 男性	短期合同工 女性	无合同工 男性	无合同工 女性	样本量
集体企业	39.07	21.19	6.62	2.65	15.23	15.23	151
事业单位	29.74	21.55	8.62	6.03	20.69	13.36	232
私营企业	30.09	19.21	6.89	5.35	22.61	15.86	2 207
个体企业	21.23	12.27	4.87	4.19	31.55	25.90	1 030
其他单位	37.50	12.50	12.50	0.00	12.50	25.00	8

表4-6给出了农民工在不同规模单位中的长期合同工、短期合同工和无合同工的比例。可以发现,70%的农民工在100人以内的单位就业,只有7%的农民工在1 000人以上的单位就业。随着单位规模的扩大,农民工签订劳动合同(包括长期合同)的比例上升,说明单位规模越大、管理越规范,劳动合同签订率越高,平均劳动报酬越高。

表4-6 不同规模单位中长期合同工、短期合同工和无合同工比例　　（%）

单位规模	长期合同工 男性	长期合同工 女性	短期合同工 男性	短期合同工 女性	无合同工 男性	无合同工 女性	样本量
5人以下	21.52	15.25	3.74	4.63	28.40	26.46	669
6～49人	24.49	17.33	7.22	5.12	26.10	19.74	1 621
50～99人	29.47	14.34	10.41	8.64	19.84	17.29	509
100～999人	20.07	25.00	5.97	4.01	22.34	11.17	922
1 000人及以上	44.93	20.65	6.88	3.62	16.30	7.61	276

由于长期合同工、短期合同工和无合同工个体特征存在明显差异,不同所有制单位和不同规模单位中农民工长期合同和短期合同签订率存在明显差异,需要应用经济计量方法或匹配方法对个体异质性加以控制,才能得到劳动合同对农民工劳动报酬影响的准确度量。

第三节 不同期限劳动合同对劳动报酬影响分析

依据2007年中国家庭收入调查数据,本章应用基于系统性样本选择的倾向分匹配方法研究长期劳动合同和短期劳动合同对农民工劳动报酬的影响。

首先,应用劳动合同选择方程分析农民工劳动合同签订的决定。表4-7给出了农民工短期劳动合同选择方程的回归结果,可以发现,随着年龄增长,农民工签订短期劳动合同的概率逐渐缩小。已婚有助于农民工签订短期劳动合同,主要缘于已婚需要承担更多的家庭责任,需要稳定的工作。随着农民工受教育年限的延长,签订短期劳动合同的概率逐渐增大。随着工作年限的延长,女性农民工签订短期劳动合同的概率呈现先增大后减小的变动趋势。培训有助于男性农民工签订短期劳动合同。与私营企业相比,男性农民工在集体企业签订短期劳动合同的概率明显更大,女性农民工在国有企业签订短期劳动合同的概率明显更大;相反,农民工在个体企业签订短期劳动合同的概率更小,主要缘于不同所有制企业经济管理规范程度不同。随着单位规模的扩大,农民工签订短期劳动合同的概率基本呈现不断增大的趋势,主要缘于单位规模越大经营管理越规范。与中部地区相比,农民工在东部和西部地区签订短期劳动合同的概率更大。总体来看,回归结果基本符合经济理论预期。

表4-8给出了长期劳动合同选择方程的回归结果。可以发现,随着年龄的增长,男性农民工签订长期劳动合同的概率不断减小;随着经验的增长,男性农民工签订长期劳动合同的概率越小,符合生命周期理论预期。教育年限越长,男性农民工签订长期劳动合同的概率越大,符合人力资本理论

表 4-7　短期劳动合同选择方程的回归结果

解释变量	男　性	女　性	解释变量	男　性	女　性
常数项	-0.999***	-1.008***	个体企业	-0.421***	-0.708***
年龄	-0.012*	-0.016*	其他企业	0.977	-0.319
已婚	0.233*	0.380**	西部地区	0.555***	0.618***
教育年限	0.067***	0.056**	东部地区	0.895***	0.474***
经验	-0.009	0.093**	5～50 人	0.066	0.292*
经验平方	-0.001	-0.006**	50～99 人	0.554***	0.139
培训	0.338***	0.188	100～1 000 人	0.576***	0.794***
事业单位	-0.017	0.240	1 000 人以上	0.831***	1.081***
国有企业	0.225	0.603*	Log likelihood	-1 342.86	-902.12
集体企业	0.766***	0.093	Prob>chi2	0.000 0	0.000 0
三资企业	0.359	0.271	Pseudo R2	0.078 8	0.072 3

注：***、**、*分别表示在 1％、5％、10％的水平下显著。下同。

表 4-8　长期劳动合同选择方程的回归结果

解释变量	男　性	女　性	解释变量	男　性	女　性
常数项	-2.751***	-2.029***	个体企业	-0.451**	-0.597***
年龄	-0.019*	-0.009	其他单位	1.638	—
已婚	0.178	0.274	西部地区	0.840***	-0.129
教育年限	0.060*	0.043	东部地区	1.402***	0.491**
经验	-0.075**	-0.016	6～49 人	0.703**	0.321
经验平方	0.003	0.002	50～99 人	1.362***	0.819***
培训	-0.060	0.043	100～999 人	0.702**	0.519*
事业单位	0.090	0.078	1 000 人及以上	0.748*	0.571
国有企业	0.612**	1.053**	Log likelihood	-542.030	-449.490
集体企业	0.305	-0.643	Prob>chi2	0.000	0.000
三资企业	0.081	0.384	Pseudo R2	0.080 2	0.051 3

预期。与私营企业相比,农民工在国有企业中签订长期劳动合同的概率较大,而在个体企业中签订长期劳动合同的概率较小,主要缘于国有企业管理经营管理较规范,而个体企业经营管理有欠规范。与中部地区相比,东部地区农民工和西部地区男性农民工签订长期劳动合同的概率更大。同规模 5 人及以下的单位相比,农民工在较大规模的单位中签订长期劳动合同的概率较大,主要缘于较大规模的单位经营管理相对规范。

其次,应用劳动合同选择方程估算每个个体的倾向分,并依据式(4.2)计算最优截断值 $\hat{a}$,筛选倾向分在 $[\hat{a}, 1-\hat{a}]$ 之间的个体形成新样本。表 4-9 给出了对短期劳动合同和长期劳动合同进行系统性样本选择之后的样本量。可以发现,无论是短期合同还是长期合同的实验组和对照组样本量均有所减少。通过系统性样本选择,实验组和对照组个体属性存在比较充分的重叠,解决了倾向分估计方法中有限重叠的问题,从而可以提高分析的精度。

表 4-9 短期劳动合同样本选择结果

样 本	短期劳动合同				长期劳动合同			
	男 性		女 性		男 性		女 性	
	实验组	对照组	实验组	对照组	实验组	对照组	实验组	对照组
全样本	968	269	205	710	1 151	968	710	698
系统选择样本	816	256	202	677	1 146	963	700	689
$[\hat{a}, 1-\hat{a}]$	(0.081, 0.919)		(0.085, 0.915)		(0.125, 0.875)		(0.125, 0.875)	

最后,对系统选择后的样本重新计算每个个体的倾向分,通过比较筛选后的实验组和对照组的劳动报酬差异以估算劳动合同对劳动报酬的影响。表 4-10 给出了长期劳动合同和短期劳动合同对农民工劳动报酬的影响情况(HT 估计量)。可以发现,签订长期劳动合同将导致男性农民工和女性

农民工的劳动报酬分别提高 11.76% 和 20.29%,签订短期劳动合同将导致男性农民工和女性农民工的劳动报酬分别提高 5.48% 和 10.86%,说明签订劳动合同有助于农民工劳动报酬的提升,尤其是长期劳动合同的作用效果更为明显。

表 4-10　长期劳动合同和短期劳动合同对农民工劳动报酬和工资的影响

劳动合同	男性劳动报酬	女性劳动报酬	男性工资	女性工资
长期劳动合同	0.117 6	0.202 9	0.068 7	0.133 7
短期劳动合同	0.054 8	0.108 6	0.046 4	0.092 1

表 4-10 还给出了长期劳动合同和短期劳动合同对农民工工资的影响情况。可以发现,签订长期劳动合同将导致男性农民工和女性农民工的工资分别提高 6.87% 和 13.37%,签订短期劳动合同将导致男性农民工和女性农民工的工资分别提高 4.64% 和 9.21%,说明签订劳动合同有助于农民工工资水平的提升,且长期合同的工资增长效应更为明显。

劳动合同对农民工劳动报酬的影响明显大于对农民工工资的影响,说明劳动合同导致的劳动报酬差异一部分体现在工资方面,而另一部分体现在员工福利方面,忽略劳动合同对农民工员工福利的影响将导致低估劳动合同对农民工劳动报酬的影响。表 4-11 给出了长期合同和短期合同对农民工社会保障享有率的影响。可以发现,签订短期劳动合同将导致农民工失业保险、养老保险和工伤保险享有率分别提高 3.2%、4.5% 和 6%,签订长期劳动合同将导致农民工失业保险、养老保险和工伤保险享有率分别提高 7.1%、9.7% 和 11.2%,签订劳动合同将导致农民工住房公积金享有率提高 2.6%,说明劳动合同有助于农民工社会保障享有率的显著提高,进而有助于农民工社会福利的明显改善。

表 4－11　长期劳动合同和短期劳动合同对
农民工社会保障享有率的影响

社会保障	长期合同		短期合同	
	男性	女性	男性	女性
失业保险	0.074 2	0.066 7	0.035 5	0.022 2
养老保险	0.101 8	0.088 7	0.045 7	0.043 9
工伤保险	0.123 2	0.093 4	0.063 6	0.045 2
住房公积金	0.029 9	0.026 2	0.028 7	0.012 7

第四节　本章小结

依据 2007 年中国家庭收入调查的外来务工人员数据，本章应用系统性样本选择方法对样本进行了筛选，并应用 Horvitz-Thompson 估计量计算了长期劳动合同和短期劳动合同对农民工劳动报酬的影响。研究结果表明，签订长期劳动合同将导致男性农民工和女性农民工的劳动报酬分别提高 11.76％和 20.29％，签订短期劳动合同将导致男性农民工和女性农民工的劳动报酬分别提高 5.48％和 10.86％，说明签订劳动合同有助于农民工劳动报酬的提升，尤其是长期劳动合同的作用效果更为明显。

劳动合同对农民工劳动报酬提升的积极影响，一方面缘于劳动合同有助于农民工工资水平的提升；另一方面缘于劳动合同对农民工社会保障享有的积极影响。研究结果表明，签订长期劳动合同将导致男性农民工和女性农民工的工资分别提高 6.87％和 13.37％，签订短期劳动合同将导致男性农民工和女性农民工的工资分别提高 4.64％和 9.21％。同时，签订长期劳动合同将导致农民工失业保险、养老保险和工伤保险享有率分别提高 7.1％、9.7％和 11.2％，签订短期劳动合同将导致农民工失业保险、养老保险和工伤保险享有率分别提高3.2%、4.5%和6%,签订劳动合同将导致农民工住房公积金享有率提高2.6%。

国内大量的研究结果表明,较低的人力资本水平是农民工工资水平较低的主要原因。本章的研究结果表明,教育和培训有助于农民工劳动合同的签订。目前,农民工受教育水平普遍较低,接受职业培训的农民工比例较低,中国农村的教育和培训事业具有广阔的发展空间。因此,政府部门应大力发展农村的教育和培训事业,这不仅有助于农民工工资水平的提升,而且有助于农民工劳动合同的签订,进而有助于农民工社会福利的明显改善。

自我国颁布实施《劳动法》和《劳动合同法》以来,农民工签订劳动合同的比例逐年提高。但截至2013年,仍有大量农民工未签订任何形式的劳动合同。[①] 同时,从调查数据中发现,大量农民工签订的是非正规合同。研究结果表明,单位规模越大,农民工签订劳动合同的概率越高;国有企业中农民工劳动合同签订率较高,而个体企业中农民工劳动合同签订率较低。因此,政府部门应加强对企业的监管(尤其是规模较小的个体企业),保证《劳动合同法》的贯彻执行,这将有助于农民工劳动合同签订率的提升,有助于农民工劳动报酬水平提升,进而有助于农民工社会福利水平的明显改善。

---

① 从2013年中国流动人口调查数据中发现,33%的农民工未与用工单位签订劳动合同。

第五章 劳动合同对农民工劳动报酬分布的影响

2008年我国实施《劳动合同法》,旨在保障包括农民工在内的低技能劳动者能够获得合理的劳动收益。现有的许多研究表明,签订劳动合同能够促进农民工平均收入水平的提升(刘林平和张春泥,2007;孙睿君和李子奈,2010;陈祎和刘洋洋,2010)。然而,要全面准确地评价劳动合同对农民工收入的影响,则需要我们将分析的视角从均值处理效应层面扩展到分位数处理效应层面。

分位数回归模型是研究分位数处理效应的有效工具(Doksum,1974;Lehmann,1974)。1978年,Koenker和Bassett提出了条件分位数回归模型的分析方法,其依据被解释变量的条件分位数对解释变量进行回归。由于条件分位数回归模型与均值回归模型的结构非常类似,经济学者能够比较容易地将均值回归模型扩展成条件分位数回归模型,因而应用比较广泛。然而,由条件分位数回归模型估算的条件分位数处理效应并非是人们希望得到的经济政策在收入分布上的作用效果(无条件分位数处理效应)。2007年,Firpo提出了无条件分位数处理效应模型的分析方法,为经济学者分析经济政策对收入分布的影响提供了一个有效的工具。[①] 随着

[①] Frölich和Melly(2008)进一步提出了分位数处理效应的工具变量方法,为经济政策作用效果的评价提供了一个更为精准的工具。然而,由于完全满足条件的工具变量非常难以选取,因此分位数处理效应的工具变量方法的应用并不广泛。

经济计量方法的进步,许多西方经济学者应用劳动合同的分位数处理效应模型研究了劳动合同对收入分布的影响(Mertens, et al.,2007;Bisio, 2014)。

由于我国实施《劳动合同法》时间较短,涉及农民工签订劳动合同的调查数据比较匮乏,关于劳动合同对农民工收入分布影响的研究相对较少。基于2008年中国家庭收入调查(CHIP)数据,寇恩惠和刘百惠(2013)应用条件分位数回归模型和MM分解方法研究了劳动合同对农民工工资分布的影响,研究表明,劳动合同对工资分布底端的农民工工资影响更大,存在"黏性地板"效应。基于佛山市的调研数据,李萍等(2014)应用条件分位数回归模型分析了劳动合同期限对制造业和非制造业工资差异的影响,研究表明,在制造业中劳动合同期限对中低分位工资的劳动者工资影响较大;而非制造业则与之相反。林伟等(2015)应用条件分位数回归模型研究了劳动合同对农民工工资的影响,研究表明,与收入水平较高的农民工相比,签订固定期限劳动合同对于较低工资水平的农民工工资促进作用较大,表现出"黏性地板"效应;而签订无固定期限劳动合同对于不同工资水平的农民工工资促进作用比较相近。上述研究存在两方面有待改进之处:一是条件分位数回归模型无法对劳动合同的收入分配效应做出准确评价,准确分析劳动合同对农民工收入分布的影响需要应用无条件分位数处理效应模型;二是劳动合同保障了基本员工福利——社会保险的享有,如果仅仅考虑劳动合同对农民工工资而非对农民工劳动报酬的影响,势必导致对劳动合同作用效果的低估(张世伟和郭凤鸣,2009),准确分析劳动合同对农民工收入分布的影响需要将农民工收入由工资层面扩展到劳动报酬层面。

综上,依据2014年中国流动人口动态监测调查数据中的8城市融合数据,本章拟建立劳动合同无条件分位数处理效应的参数模型和非参数模型,用于研究劳动合同对农民工劳动报酬分布的影响。

第一节 分位数处理效应方法

根据潜在收益分析框架,本章首先将农民工样本总体划分成两个子群体——实验组和对照组。其中,实验组由签订劳动合同的农民工组成,对照组由未签订劳动合同的农民工组成。劳动合同对农民工劳动报酬在 τ 分位数处的处理效应可以表示为,

$$\Delta_\tau = Q_\tau(\ln Y_i \mid T_i = 1) - Q_\tau(\ln Y_i \mid T_i = 0) \tag{5.1}$$

其中,T_i 表示农民工 i 是否签订劳动合同的二元指示变量(1:签订劳动合同,0:未签订劳动合同),$\ln Y_i$ 表示农民工小时劳动报酬对数。

由于农民工签订劳动合同并不是随机分配的,而是具有自选择性,如果直接应用签订劳动合同农民工的劳动报酬减去未签订劳动合同农民工的劳动报酬来度量劳动合同对农民工劳动报酬的影响,势必存在由样本选择偏差带来的估计偏差。根据 Horvitz 和 Thompson(1952)思想,非随机抽样导致的偏差可以通过对样本被选择的概率进行加权平均加以调整。因此,通过倾向得分匹配方法能达到实验组和对照组的近似随机分配。对倾向得分的估计可以采用两种模型:参数模型和非参数模型。农民工劳动合同选择的概率(即倾向得分)的参数模型可表示为 Logit 模型:

$$\Pr(T_i = 1 \mid X_i = x) = e(x) = \frac{\exp(X_i'\gamma)}{1 + \exp(X_i'\gamma)} \tag{5.2}$$

其中,X_i 表示影响农民工 i 劳动合同签订的个体特征向量,γ 为待估计的系数向量。

根据 Firpo(2007)的思想,农民工劳动合同选择的倾向得分的非参数模型可以表示为:

$$\Pr(T_i = 1 \mid X_i = x) = e(x) = \frac{\exp(X'\theta_x)}{1 + \exp(X'\theta_x)} \tag{5.3}$$

其中:

$$\hat{\theta}_x = \arg\max_{\theta_x} \sum_{i=1}^{N} \Big(\ln Y_i \ln\Big(\frac{1}{1+e^{-X'_i\theta_x}}\Big) \\ + (1 - \ln Y_i)\ln\Big(\frac{1}{1+e^{-X'_i\theta_x}}\Big) \Big) K_H(X_i - x) \tag{5.4}$$

其中,$K_H(\cdot)$ 表示核函数,H 表示带宽。

由每个农民工合同选择的倾向得分估计值可以计算农民工个体权重:

$$\hat{w}_i = \frac{T_i}{N\hat{e}(X_i)} + \frac{1 - T_i}{N(1 - \hat{e}(X_i))} \tag{5.5}$$

其中,N 为样本量。

在 τ 分位数处,农民工的劳动报酬估计值可以表示为:

$$\hat{Q}_\tau(\ln Y_i \mid T_i) = \arg\min_{q(T)} \sum_{i=1}^{N} \hat{w}_i \cdot \rho_\tau(\ln Y_i - q) \tag{5.6}$$

其中,$\rho_\tau(\cdot)$ 表示检验函数,$\rho_\tau(u) = (\tau - 1(u \leqslant 0))u$。

类似地,劳动合同签订的平均处理效应可表示为:

$$\hat{\Delta} = \Big(\sum_{i=1}^{N} \hat{w}_i \ln Y_i \Big/ \sum_{i=1}^{N} \hat{w}_i \mid T_i = 1\Big) \\ - \Big(\sum_{i=1}^{N} \hat{w}_i \ln Y_i \Big/ \sum_{i=1}^{N} \hat{w}_i \mid T_i = 0\Big) \tag{5.7}$$

衡量劳动者知识和技能的受教育程度和工作经验对劳动者签订劳动合同有两个方面的影响:一方面,根据人力资本理论,公司倾向于选择能力强的劳动者签订劳动合同,劳动者的技能水平越高、受教育程度越高,签订劳动合同的概率越大;另一方面,根据试用期理论,劳动合同签订具有自选择效应,能力强的劳动者预期到试用期后被留用的概率较大,因而不愿意签订劳动合同,而能力弱的劳动者则愿意等待签订劳动合同的工作。根据专用人力资本理论,随着劳动者年龄(或经验)的增长,专用人力资本投资的收益将逐渐降低,企业同劳动者签订劳动合同的概率将逐渐减小;然而,根据生命周期理论,随着年龄的增长,风险偏好逐渐降低,劳动者倾向于就业稳定,愿意签订劳动合同。依据家庭劳动供给理论,与未婚的劳动者相比,已婚的劳动者更愿意保持长期稳定的劳动关系,因此更倾向于签订劳动合同;与男性相比,女性劳动者的风险偏好较低,因此倾向于签订劳动合同以达到稳定就业。不同地区的经济发展水平和市场化程度存在明显差异,经济发展水平和市场化程度较高的地区,劳动合同法规的落实情况较好,劳动合同签订的概率可能更大。工作单位所有制类型通常也会对劳动合同的签订产生影响,工作单位越正规,劳动合同法律法规的落实情况越好。因此,本章选择受教育程度(以小学及以下为参照)、是否接受过培训、经验、是否为男性、是否已婚、是否有学龄前儿童、工作单位类型(以私营企业为参照)、东部地区或中部地区就业(以西部地区为参照)作为农民工劳动合同选择方程的解释变量。

第二节　不同劳动报酬群体特征的统计描述

本章使用的数据来源于国家卫生和计划生育委员会 2014 年全国流动人口动态监测调查数据中的 8 城市融合数据。数据调查范围涵盖中国东部地区(包括北京市、浙江省嘉兴市、广东省深圳市和中山市、福建省厦门市、山东省青岛市)、中部地区(河南省郑州市)和西部地区(四川省成都市),基本能够反映中国城市劳动力市场的总体情况。数据调查对象为在流入地居住 1 个月以上、非本区(市、县)的流动人口,并采取分层、多阶段、与规模成比例的 PPS 方法进行抽样。数据调查内容涉及个体的人口统计学信息(包括性别、年龄和婚姻状况等)、人力资本信息(包括教育和培训)和就业信息(包括职业、收入、工作时间和劳动合同等),基本能够满足劳动经济学研究的基本要求。根据研究的需要,本章选择男性在 16~60 岁和女性在 16~55 岁的就业农民工样本,剔除工资项缺失的个体,最终得到的样本包括 9 684 个个体。其中,5 691 个农民工签订了劳动合同、3 993 个农民工未签订劳动合同,劳动合同签订率为 58.77%,说明农民工劳动合同签订率仍然较低。

表 5-1 给出了签订劳动合同和未签订劳动合同农民工在不同分位数处的小时劳动报酬对数的情况,[①]可以发现,在所有分位数处,签订劳动合同农民工劳动报酬水平均明显高于未签订劳动合同农民工劳动报酬水平,两类农民工平均小时劳动报酬对数差距为 0.245 6,说明签订劳动合同可能有助于农民工劳动报酬水平的提升。随着分位数的提高,签订劳动合同和未签订劳动合同农民工之间的劳动报酬差异呈现逐渐下降的变动趋势,说明签订劳动合同可能对低收入农民工劳动报酬增长的促进作用较大,而对高收入农民工劳动报酬增长的促进作用较小,即可能表现出"黏性地板"效应。

表 5-1 签订劳动合同和未签订劳动合同
农民工小时劳动报酬对数的分布

合同选择	10	20	30	40	50	60	70	80	90	均值
有合同	2.274 2	2.428 1	2.552 0	2.679 9	2.762 9	2.877 1	3.003 7	3.149 9	3.381 0	2.796 6
无合同	1.897 1	2.120 3	2.274 4	2.367 1	2.497 6	2.610 9	2.744 4	2.946 9	3.255 2	2.551 0

---

① 劳动报酬包括工资和员工福利。员工福利的最重要成分系社会保障享有,主要包括养老保险、医疗保险、工伤保险、失业保险、生育保险和住房公积金。本文根据月工资和社会保障享有计算出月劳动报酬,并根据月劳动报酬和工作时间计算出小时劳动报酬。

农民工的劳动报酬不仅决定于其是否签订劳动合同,而且决定于其人力资本、就业单位和就业地区等个体特征。表5-2给出了签订劳动合同和未签订劳动合同农民工劳动报酬五等分组个体特征的统计描述。可以发现,总体上,虽然约90%的农民工完成了九年制义务教育,但仅有约37%的农民工接受了高中、中专或大学的教育,说明中国教育事业的发展使得农民工的知识水平明显提高,但目前农民工知识水平仍然较低。仅有不到30%的农民工接受过培训,说明农民工接受培训的比例偏低,进而导致农民工技能水平较低。农民工的平均年龄在32岁左右,说明大多数农民工为青壮年。69%的农民工在私营企业工作,而在事业单位、国有企业和集体企业工作的农民工仅在8%左右,说明劳动力市场中可能存在针对农民工的就业歧视。接近3/4的农民工在东部地区就业,主要缘于东部地区经济发达,对农民工需求较大,农民工在东部地区具有更多的就业机会和更高的收入。

表5-2 签订劳动合同和未签订劳动合同农民工
劳动报酬五等分组个体特征统计描述

个体特征	低收入组		中低收入组		中等收入组		中高收入组		高收入组	
	有合同	无合同	有合同	无合同	有合同	无合同	有合同	无合同	有合同	无合同
小学及以下	14.41	14.27	10.46	13.14	5.98	12.39	5.62	9.40	1.93	6.77
初中	58.61	60.20	56.33	59.82	54.48	58.57	47.10	61.03	31.78	59.77
高中或中专	19.77	20.28	25.40	21.53	28.56	22.40	30.49	22.56	33.10	28.32
大专及以上	7.21	5.26	7.82	5.51	10.98	6.63	16.78	7.02	33.19	11.90
培训	29.44	30.29	27.86	25.28	29.70	25.78	34.27	26.94	33.98	24.06
年龄	31.52	31.56	31.29	31.18	30.84	31.66	31.33	32.34	31.08	33.90
男性	44.11	47.43	50.26	47.68	52.99	51.19	62.13	65.66	71.55	78.07
已婚	61.51	58.32	63.88	63.08	62.48	62.45	66.96	69.30	72.08	82.46
学龄前儿童	24.43	24.53	27.94	26.78	29.35	28.16	34.09	30.45	42.05	45.49
事业单位	2.33	2.21	2.05	1.06	1.51	2.02	1.66	2.29	2.84	2.01

续 表

个体特征	低收入组 有合同	低收入组 无合同	中低收入组 有合同	中低收入组 无合同	中等收入组 有合同	中等收入组 无合同	中高收入组 有合同	中高收入组 无合同	高收入组 有合同	高收入组 无合同
国有企业	2.33	0.74	2.87	1.86	3.83	1.79	5.56	1.83	6.72	0.50
集体企业	2.77	1.48	2.15	2.39	2.11	1.57	2.34	2.06	4.73	1.51
三资企业	17.07	7.38	24.08	6.63	23.16	5.38	28.56	4.82	24.60	4.52
私营企业	72.62	73.06	66.70	80.90	68.38	78.92	61.11	75.92	59.41	79.15
个体企业	1.00	1.85	0.51	1.33	0.20	0.90	0.10	1.15	0.47	0.50
土地经营者	0.33	1.48	0.20	0.53	0.20	0.45	0.10	1.15	0.76	1.01
其他企业	1.55	11.81	1.43	5.31	0.60	8.97	0.58	10.78	0.47	10.80
东部地区	70.30	50.31	78.82	66.58	76.89	70.21	79.17	74.56	86.39	79.95
中部地区	14.94	25.28	10.81	19.52	12.30	19.52	8.26	14.91	4.57	10.40
西部地区	14.76	24.41	10.37	13.89	10.81	10.26	12.57	10.53	9.04	9.65

通过对签订劳动合同农民工和未签订劳动合同农民工的个体特征的比较可以发现，签订劳动合同农民工接受高中（或中专）和大学教育的比例明显高于未签订劳动合同农民工，签订劳动合同农民工接受培训的比例明显高于未签订劳动合同农民工，较高的人力资本水平意味着签订劳动合同农民工将获得较高的劳动报酬。签订劳动合同农民工在国有企业、集体企业和三资企业就业的比例明显高于未签订劳动合同农民工，而在私营企业就业的比例明显低于未签订劳动合同农民工，由于国有企业、集体企业和三资企业的劳动报酬水平明显高于私营企业，在劳动报酬水平较高企业的较高就业比例意味着签订劳动合同农民工将获得较高的劳动报酬。签订劳动合同农民工在东部地区就业的比例明显高于未签订劳动合同农民工，在经济发达地区较高的就业比例意味着签订劳动合同农民工将获得较高的劳动报酬。

通过对不同收入组的农民工个体特征的比较可以发现，从低收入组到高收入组,接受高中(或中专)和大学教育的农民工比例逐渐提高,较高的知识水平决定了较高的劳动报酬,符合人力资本理论预期。从低收入组到高收入组,男性农民工就业比例逐渐提高,较高的男性就业比例意味着较高的劳动报酬。从低收入组到高收入组,已婚和有学龄前孩子的比例逐渐提高,由于同时男性农民工的比例逐渐提高,意味着较多的家庭责任导致农民工劳动报酬提高,符合家庭劳动供给理论预期。从低收入组到高收入组,在私营企业就业的农民工比例呈现下降的趋势,在低收入企业较低的就业比例意味着较高的劳动报酬。从低收入组到高收入组,农民工在东部地区就业的比例逐渐提高,在经济发达地区较高的就业比例意味着较高的劳动报酬,符合区域经济理论预期。

通过对不同收入组内部签订劳动合同和未签订劳动合同农民工个体特征差异可以发现,从低收入组到高收入组,签订劳动合同和未签订劳动合同农民工接受大学教育比例的差距逐渐扩大,接受培训比例的差距逐渐扩大,人力资本差距的扩大意味着劳动报酬差距的扩大。从低收入组到高收入组,签订劳动合同和未签订劳动合同农民工在私营企业就业比例的差距基本呈现逐渐扩大趋势,在低收入企业就业比例差距的扩大意味着劳动报酬差距的扩大。从低收入组到高收入组,签订劳动合同和未签订劳动合同农民工在东部地区就业比例的差距逐渐缩小,在经济发达地区就业比例差距的缩小意味着劳动报酬差距的缩小。

上述分析表明,签订劳动合同与未签订劳动合同农民工之间个体特征存在着明显差异,不同劳动报酬农民工群体之间个体特征存在明显差异,不同劳动报酬农民工群体内部签订劳动合同与未签订劳动合同之间个体特征存在明显差异。因此,只有应用微观经济计量的方法对个体特征的异质性加以控制,才能准确地度量劳动合同对农民工劳动报酬分布的影响。

第三节 劳动报酬分布上的处理效应结果分析

依据2014年全国流动人口动态监测调查数据中的8城市融合数据,借助于Frölich和Melly(2010)的处理技术,本章应用无条件分位数处理效应的参数模型和非参数模型分析了劳动合同对农民工劳动报酬分布的影响。

表5-3给出劳动合同签订的分位数处理效应非参数模型的估计结果。可以发现,从10分位数到80分位数,劳动合同签订对农民工劳动报酬的增长均有显著的促进作用。随着分位数的上升,劳动合同签订对农民工劳动报酬增长的促进作用逐渐下降,存在"黏性地板"效应。在10分位数处,签订劳动合同导致农民工小时劳动报酬对数提高10.64%;在80分位数处,签订劳动合同导致农民工小时劳动报酬对数仅提高4.91%;而在90分位数处,签订劳动合同农民工和未签订劳动合同农民工之间劳动报酬没有显著差异。

表5-3 分位数处理效应非参数模型的估计结果

合同作用	10	20	30	40	50	60	70	80	90
处理效应	0.201 8***	0.217 6***	0.190 5***	0.180 3***	0.171 3***	0.160 5***	0.162 7***	0.144 6***	-0.013 2
对照数值	1.897 1	2.120 3	2.274 4	2.367 1	2.497 6	2.610 9	2.744 4	2.946 9	3.256 7
相对影响	0.106 4	0.102 6	0.083 8	0.076 2	0.068 6	0.061 5	0.059 3	0.049 1	-0.004 11

注:*、**和***分别表示在10%、5%和1%水平下显著。下同。处理效应表示劳动合同对农民工小时劳动报酬对数的绝对影响,对照数值表示分位数处对照组农民工小时劳动报酬对数,相对影响为处理效应除以对照数值。

通过对劳动合同签订的平均处理效应的估计可知,劳动合同导致农民工小时劳动报酬对数提高5.19%。因此,劳动合同签订不仅可以提高农民工整体的劳动报酬水平,而且还有助于缩小农民工劳动报酬的差距。

由于劳动合同签订能够明显地促进农民工劳动报酬水平的提升,人们势必要关注劳动合同签订的决定因素。虽然分位数处理效应的非参数模型能够给出劳动合同对劳动报酬分布影响的准确估计,但人们不易通过非参数模型给出劳动合同选择的解释。因此,本章将继续通过分位数处理效应的参数模型分析劳动合同对农民工劳动报酬分布的影响。

表5-4给出了劳动合同选择方程Logit模型的估计结果。[①] 可以发现,与受教育程度为小学及以下的农民工相比,接受高中或中专教育的农民工签订劳动合同的概率明显较高,而接受大学教育的农民工签订劳动合同的概率更高,说明教育有助于农民工签订劳动合同,符合人力资本理论的预期。同样,接受培训的农民工签订劳动合同的概率明显较高,说明培训有助于农民工专用劳动技能的获得,进而有助于农民工签订劳动合同。随着经验的上升,农民工签订劳动合同的概率呈现先上升后下降的变动趋势。家庭中有学龄前儿童将会对劳动合同签订产生不利影响,主要缘于学龄前儿童会牵扯农民工的工作精力,导致企业不愿意与其签订劳动合同。从工作单位类型的角度,与私营企业相比,在国有企业、集体企业和三资企业中工作的农民工签订劳动合同的概率明显较高,主要缘于这些类型的企业经营管理比较规范;相反,在个体企业和其他企业中工作的农民工签订劳动合同的概率明显较低。从区域经济的角度,与西部地区相比,在东部地区就业的农民工签订劳动合同的概率明显较高,而在中部地区就业的农民工签订劳动合同的概率明显较低,主

---

① 经验为年龄减受教育年限,再减6。

要缘于东部地区经济比较发达且劳动力市场比较规范,而中部地区经济发展水平和劳动力市场规范程度与西部地区比较接近但人口相对比较密集。

表 5-4 劳动合同选择方程的估计结果

影响因素	回归系数	影响因素	回归系数	影响因素	回归系数
初中	0.149 6	已婚	-0.102 7	其他企业	-2.069 6***
高中或中专	0.511 9***	学龄前儿童	-0.149 8**	土地经营者	-0.739 4**
大专及以上	0.930 6***	事业单位	0.012 9	东部地区	0.133 7*
培训	0.387 1***	国有企业	1.184 4***	中部地区	-0.595 0***
经验	0.037 2***	集体企业	0.559 0***	常数项	0.264 6*
经验平方	-0.001 1***	三资企业	1.655 0***		
男性	-0.074 1	个体企业	-1.728 7***		

依据劳动合同选择方程 Logit 模型的估计结果,本章应用分位数处理效应模型估算了劳动合同对农民工劳动报酬分布的影响(参见表5-5)。可以发现,从 10 分位数到 80 分位数,劳动合同签订对农民工劳动报酬的增长均有显著的促进作用。随着分位数的上升,劳动合同签订对农民工劳动报酬增长的促进作用逐渐下降。在 10 分位数处,劳动合同对农民工劳动报酬增长的促进作用最大;在 80 分位数处,劳动合同对农民工劳动报酬增长的促进作用最小;而在 90 分位数处,劳动合同对农民工劳动报酬增长没有显著的促进作用。通过对劳动合同签订的平均处理效应的估计可知,劳动合同导致农民工小时劳动报酬对数提高 5.59%。通过比较参数模型和非参数模型的估计结果可以发现,两类模型估计结果的总体趋势是一致的,且总体上两类模型估计结果仅相差 0.40%,说明参数模型的估计结果是可以接受的,进而说明劳动合同选择方程 Logit 模型的设定是基本合理的。

表 5-5 分位数处理效应参数模型的估计结果

合同作用	10	20	30	40	50	60	70	80	90
处理效应	0.203 3***	0.213 1***	0.213 5***	0.194 7***	0.180 7***	0.185 2***	0.171 4***	0.144 1***	0.020 0
对照数值	1.897 1	2.120 3	2.274 4	2.367 1	2.497 6	2.610 9	2.744 4	2.946 9	3.255 2
相对影响	0.107 2	0.100 5	0.093 9	0.082 3	0.072 3	0.070 9	0.062 5	0.048 9	0.006 1

第四节 本章小结

依据 2014 年流动人口动态监测调查问卷的 8 城市融合数据,本章应用无条件分位数处理效应的参数模型和非参数模型研究了劳动合同农民工劳动报酬分布的影响。研究表明,从劳动报酬的 10 分位数到 80 分位数,劳动合同对农民工的劳动报酬增长均有显著的促进作用,劳动合同签订导致农民工小时劳动报酬对数平均提高 5.19%。因此,政府部门应督促用工单位贯彻执行《劳动合同法》,积极地与农民工签订劳动合同,这将有助于农民工劳动报酬水平的显著提升。

随着劳动报酬分位数的上升,劳动合同签订对农民工劳动报酬增长的促进作用逐渐下降,存在"黏性地板"效应。在 10 分位数处,签订劳动合同导致农民工小时劳动报酬对数提高 10.64%;在 80 分位数处,签订劳动合同导致农民工小时劳动报酬对数仅提高 4.91%;而在 90 分位数处,签订劳动合同对农民工劳动报酬增长没有显著的促进作用。因此,政府部门应努力督促用工单位和农民工签订劳动合同,这将不仅有助于农民工劳动报酬水平的显著提升,而且有助于农民工劳动报酬差距的缩小,进而有助于构建和谐劳动关系。

　　国内大量的研究结果表明,较低的人力资本水平是农民工收入水平较低的主要原因。本章的研究结果表明,与接受小学及以下教育的农民工相比,接受高中和中专教育的农民工签订劳动合同的概率明显较高,而接受大学教育的农民工签订劳动合同的概率更高;与未接受过培训的农民工相比,接受过培训的农民工签订劳动合同的概率明显较高。近年来,随着中国义务教育法的持续推进,90%以上的农民工完成了九年制义务教育,但其中仅有37%的农民工接受了高中、中专和大学教育,说明农民工知识水平仍然普遍偏低。近年来,虽然政府部门和企业开展了各种类型的培训项目,但接受过培训的农民工尚不足30%,说明农民工技能水平普遍偏低。因此,政府部门应大力发展高中和中专教育,扩大职业培训覆盖面,这将不仅直接促进农民工劳动报酬水平的显著提升,而且促进农民工劳动合同签订率的明显提高,进而间接促进农民工劳动报酬的进一步提升。

　　自《劳动合同法》施行以来,农民工签订劳动合同的比例逐年提高,但是劳动合同签订率依然偏低,农民工劳动合同签订率尚不足60%,且许多农民工签订的劳动合同没有达到《劳动合同法》的标准。研究结果表明,与私营企业相比,在国有企业、集体企业和三资企业中就业的农民工劳动合同签订率较高,而在个体企业和其他企业中就业的农民工劳动合同签订率较低。由于70%以上的农民工在私营企业和个体企业中就业,因此,政府部门应加强私营企业和个体企业的监管,保证《劳动合同法》的贯彻执行,这将促进农民工劳动合同签订率的显著提升。

第六章　市场化和劳动合同对农民工劳动报酬的影响

在改革开放进程中,中国经济由计划经济体制向市场经济体制转型,劳动力市场经历了从无到有、从单一化向多元化、从僵化向灵活的转变,市场配置劳动力资源的作用逐渐得以发挥(李小瑛和 Freeman,2013)。劳动力资源的配置效率的不断改善,将有助于劳动力报酬水平的持续提高(王晓鲁和樊纲,2004)。

伴随着市场化进程的推进,中国劳动力市场制度逐渐得以完善。1995年实施《劳动法》,旨在通过规范劳动关系提高劳动力市场效率(Zheng,2009;刘林平和陈小娟,2010);2008年实施《劳动合同法》,旨在解决法律保护工人权利不足的问题,有助于构建和谐稳定的劳动关系。《劳动法》要求用工单位与劳动者签订书面劳动合同,明确了用工单位违法将面临的惩罚,在劳资关系上发挥重要的作用(Josephs,2003)。在员工福利方面,《劳动合同法》进一步澄清用工单位必须为劳动者购买社会保险(包括医疗保险、养老保险、工伤保险、失业保险和生育保险)。《劳动合同法》规定在用工单位未替劳动者购买法定社会保险的情况下,劳动者有权终止合同,并向用工单位索要赔偿金。[1]

---

[1] 《劳动合同法》第47条规定:"经济补偿按劳动者在本单位工作的年限,每满1年支付1个月工资的标准向劳动者支付。6个月以上不满1年的,按1年计算;不满6个月的,向劳动者支付半个月工资的经济补偿。"

近年来,一些经济学者对市场化和劳动合同对劳动者劳动报酬影响问题进行了研究,并得到了基本一致的研究结论:一方面,随着市场化程度的不断深入,劳动者的劳动报酬水平显著提升(阎大颖,2007;郝君富和文学,2013;郭凤鸣和张世伟,2013等);另一方面,劳动合同签订能够显著地提升劳动者的劳动报酬水平(陈祎和刘阳阳,2010;孙睿君和李子奈,2010;谌新民和袁建海,2012;才国伟和刘冬妍,2014;林伟等,2015;张世伟和张娟,2017等)。然而,这些研究仅分别考虑市场化和劳动合同对劳动者的劳动报酬的影响,并未同时考虑两者的联合作用。

事实上,随着市场化进程的推进,劳动力市场制度得以不断完善和落实,劳动合同签订率将会逐步提高。如果市场化对劳动合同签订率产生影响,那么市场化不仅对农民工劳动报酬具有直接效应,而且将通过劳动合同间接影响农民工的劳动报酬水平。因此,本章主要研究以下几个问题:首先,市场化对劳动合同签订率有无显著影响?其次,市场化对农民工劳动报酬的直接影响有多大?再次,劳动合同签订对农民工的劳动报酬影响有多大?最后,如果市场化对农民工劳动合同签订具有显著影响,那么通过劳动合同签订的间接影响有多大?

基于2013年和2014年中国卫生计划生育委员会开展的全国流动人口动态监测调查数据中的8城市融合专项调查数据,本章拟建立劳动合同选择方程的多层Logit模型和劳动报酬方程的多层线性回归模型,分析市场化对农民工劳动报酬的直接效应和通过劳动合同签订作用于劳动报酬的间接效应。

第一节 劳动报酬方程多层模型

20世纪80年代以前,劳动经济学的经验研究模型主要为基于宏观经济数据的时间序列模型和基于区域(或行业)经济数据的面板数据模型。80

年代以后,劳动经济学的经验研究模型主要为基于微观数据的截面数据模型和面板数据模型。这两类模型或是忽略了微观个体的异质性,或是忽略了经济环境因素,因而无法用于分析市场化(区域经济环境因素)对农民工劳动合同选择和劳动报酬获得(微观经济绩效)的影响。[①]

多层统计分析模型能够将区域经济分析和微观经济分析有机结合起来,为本章的研究提供了一个有益的思路(Raudenbush and Bryk,2002)。近年来,多层经济计量模型已经被劳动经济学者成功地应用于分析工资决定领域。[②] 本章将沿用多层回归模型的分析思路,建立劳动合同选择的多层 Logit 模型和劳动报酬决定的多层线性回归模型,研究市场化对农民工劳动合同选择的影响,以及对农民工劳动报酬的直接和间接影响。

一、劳动合同选择方程多层 Logit 模型

劳动合同选择方程是研究市场化对农民工劳动合同签订影响的基础,劳动合同选择方程通常可以设定为如下形式:

$$\Pr[y_i = 1 \mid Z_i] = \Lambda(Z_i \gamma) = \frac{e^{Z_i \gamma}}{1 + e^{Z_i \gamma}} \quad (6.1)$$

其中,y_i 表示农民工 i 的劳动合同签订状态(1 表示签订劳动合同,0 表示未签订劳动合同),Z_i 表示可观测的影响农民工劳动合同签订的特征向

[①] 事实上,一些研究考虑到区域经济分析和微观经济分析的结合,但这些研究直接将区域经济变量引入到微观经济计量模型中,忽略了宏观经济和微观经济交互作用,估计结果势必存在偏差。

[②] 例如,Cardoso(2000)分析了公司之间工资差异的决定,Plasman 等(2004)分析了地区交易水平对蓝领劳动者和白领劳动者工资差异的影响,Kesler 等(2010)分析了企业家身份对移民工资的影响,Cipollone 和 Dlppolit(2010)分析了就业的性别差异,Lim 等(2015)分析了职业技能对工资性别差异的影响。在中国,王天夫和崔晓雄(2010)对行业如何影响收入进行研究,邓峰和丁小浩(2012)分析了劳动力市场分割对工资性别差异的影响,郭凤鸣和张世伟(2013)研究了区域经济环境对工资性别差异的影响,张顺和程诚(2013)研究市场化进程中社会网络资本的收入效应,Liu 等(2016)研究了区域经济环境对国有部门和非国有部门工资差异的影响。

量，$\Pr[y_i=1\mid Z_i]$ 表示农民工签订劳动合同的概率(简记为 p_i)，γ 表示相应变量的回归系数，$\Lambda(\cdot)$ 表示服从 Logistic 分布的累积分布函数。

将 $\Pr[y_i=1\mid Z_i]$ 转化为发生比形式，即 $p/(1-p)$，则 $\ln[p/(1-p)]$ 为解释变量的线性函数，即：

$$\text{logit}(p_i)=\ln\frac{p_i}{1-p_i}=Z_i\gamma \tag{6.2}$$

农民工是否签订劳动合同不仅决定于其个体特征(人口统计学特征和就业特征)，而且可能受地区经济环境的重要影响。首先，可以设定微观模型如下：

$$\ln\frac{p_i}{1-p_i}=\gamma_{0j}+\gamma_{1j}G_{ij}^0+\gamma_2 G_{ij}^1 \tag{6.3}$$

其中，j 表示地区，γ_{0j} 表示 j 地区劳动合同签订发生比对数的均值，G_{ij}^0 和 G_{ij}^1 表示影响农民工劳动合同选择的个体特征向量，回归系数 γ_2 和 γ_{1j} 分别表示固定系数(不随地区的变化而发生改变)和随机系数(随地区的变化而发生变化)。通过模型回归系数和个体层面误差项方差，可以识别个体特征对地区内农民工劳动合同选择的影响。

农民工是否签订劳动合同可能与地区经济环境，可以设定宏观模型如下：

$$\gamma_{0j}=\gamma_{00}+\gamma_{01}M_{1j}+\gamma_{02}D_{1j}+\upsilon_{0j} \tag{6.4}$$

$$\gamma_{1j}=\gamma_{10}+e_{1j} \tag{6.5}$$

其中，γ_{00} 表示所有地区劳动合同签订发生比对数 (γ_{0j}) 的均值，υ_{0j} 为地区层面的随机误差项，M_{1j} 表示市场化指数变量，D_{1j} 表示其他区域经济特征向量，γ_{01} 表示市场化指数变量的回归系数，γ_{02} 表示其他区域经济层面变量的回归系数。通过模型回归系数和区域经济层面误差项方差，可以计算区域经济特征变量对地区间农民工劳动合同选择的解释作用。γ_{20} 和

e_{2j} 分别表示 γ_2 的均值和随机误差项。通过观察 e_{2j} 的方差的显著性,可以检验回归系数是否存在随机性。

综合考虑微观经济因素和区域经济因素,可以将农民工劳动合同签订的多层模型设定为:

$$\ln \frac{p_i}{1-p_i} = \gamma_{00} + \gamma_{01} M_{1j} + \gamma_{02} D_{1j} + \gamma_{1j} G_{ij}^0 \\ + \gamma_{20} G_{ij}^1 + \upsilon_{0j} + e_{2j} G_{ij}^1 \tag{6.6}$$

依据式(6.6),市场化对劳动合同签订影响的边际效应可表示为:

$$\frac{\partial P_i}{\partial M_{1j}} = P_i (1 - P_i) \gamma_{01} \tag{6.7}$$

根据人力资本理论,随着劳动者年龄的增大,人力资本投资的收益逐渐降低,故企业同劳动者签订劳动合同的倾向将降低。依据家庭劳动供给理论,已婚的劳动者承担更多的家庭责任,更加愿意保持长期稳定的劳动关系,因此更倾向于签订劳动合同。根据试用期理论,衡量劳动者知识和技能的受教育程度和培训对劳动者签订劳动合同具有两方面的影响:一方面,公司倾向于选择与能力强的劳动者签订劳动合同,劳动者受教育程度越高、接受培训次数越多,签订劳动合同的概率越大;另一方面,劳动合同签订具有自选择效应,能力强的劳动者预期到试用期后被留用的概率较大,因此他们更倾向于不签订劳动合同。工作单位的所有制形式通常也会决定劳动合同的签订与否,工作单位越正规,劳动合同相关法律法规的落实情况越好,劳动合同签订率通常更高。不同地区的经济发展水平和市场化程度不同,经济发展水平和市场化程度较高的地区,劳动合同法规的落实情况较好,劳动合同签订的概率可能更高。因此,本章选择年龄、已婚(以未婚为参照)、受教育年限、接受过培训(以未接受过培训为参照)、工作单位所有制类型(以私营企业所有制为参照)、地区市场化指数、地区失业率作为农民工劳动合同选择方程的解释变量。

二、劳动报酬方程多层回归模型设定

为了研究市场化指数和劳动合同对农民工劳动报酬水平的影响,本章将建立农民工劳动报酬方程的多层线性回归模型。通常,农民工的劳动报酬方程可以设定为:

$$\ln y_i = X_i \beta + \varepsilon_i \tag{6.8}$$

其中,$\ln y_i$ 表示农民工 i 小时劳动报酬对数,X_i 表示影响农民工劳动报酬获得个体特征因素和区域经济环境因素,β 为回归系数,$\varepsilon:(0, \sigma^2)$ 为随机扰动项。

一方面,个体的劳动报酬主要决定于其个体特征,故设定微观模型如下:

$$\ln y_{ij} = \beta_{0j} + \beta_1 T_{ij} + \beta_{2j} X_{ij}^0 + \beta_3 X_{ij}^1 + \varepsilon_{ij} \tag{6.9}$$

其中,j 表示地区,β_{0j} 为截距项,T_{ij} 表示劳动合同签订与否变量,β_1 表示其回归系数,X_{ij}^0 和 X_{ij}^1 表示其他影响农民工劳动报酬获得的个体特征向量,β_{2j} 和 β_3 分别表示随机系数和固定系数,ε_{ij} 为随机误差项。

另一方面,区域经济环境通常会对农民工劳动报酬获得产生重要影响,故设定宏观模型如下:

$$\beta_{0j} = \beta_{00} + \beta_{01} M_{1j} + \mu_{0j} \tag{6.10}$$

$$\beta_{2j} = \beta_{20} + \mu_{2j} \tag{6.11}$$

其中,β_{00} 表示农民工小时劳动报酬对数 $\ln y_{ij}$ 的均值,M_{1j} 表示市场化指数变量,β_{01} 表示回归系数,$\mu_{0j}: N(0, \sigma_{u0}^2)$ 表示地区经济层面的随机扰动项(即地区间的平均劳动报酬与整体平均劳动报酬的差异),且 $\text{cov}(\varepsilon_{ij}, \mu_{0j}) = 0$,$\beta_{20}$ 和 μ_{2j} 分别表示 β_{2j} 的均值和随机误差项。观察 μ_{2j} 方差的显著

性,可以判断是否存在随机性。

综合考虑微观经济因素和区域经济因素,可以将农民工劳动报酬方程的多层模型设定为:

$$\ln y_{ij} = \beta_{00} + \beta_{01} M_{1j} + \beta_1 T_{ij} + \beta_{20} X_{ij}^0 + \mu_{0j} \\ + \beta_3 X_{ij}^1 + \mu_{2j} X_{ij}^0 + \varepsilon_{ij}$$
(6.12)

根据人力资本理论,农民工的劳动报酬水平主要决定于其知识和技能,知识主要通过接受教育获得,技能主要通过职业培训和工作实践积累获得,因此教育程度越高、接受培训越多、经验越丰富,劳动报酬水平越高。根据家庭劳动供给理论,已婚和有学龄前儿童意味着需要承担更多的家庭责任,男性农民工通常会更加努力工作以获得较高的劳动报酬收入,而女性农民工通常会由于照顾家庭而减少劳动供给。不同所有制类型企业的工资决定机制不同,可能导致农民工劳动报酬水平不同。根据经济理论,市场化程度越高,劳动力市场中资源配置效率越高,因此农民工劳动报酬水平越高。失业率反映了劳动力市场的总体就业状况,其对劳动者劳动报酬的获得具有两方面影响:一方面,根据菲利普斯曲线理论,失业率越高,劳动力市场越拥挤,劳动者找到较高劳动报酬的概率越小;另一方面,根据搜寻—匹配理论,失业率越高,劳动者会更加努力地工作,获得较高劳动报酬的概率越大。因此,本章将受教育年限、经验、经验平方、接受过培训(以未接受过培训为参照)、已婚(以未婚为参照)和有学龄前儿童(以没有学龄前儿童为参照)、工作单位所有制类型(以私营企业所有制为参照)、地区市场化指数、地区失业率作为农民工劳动报酬方程的解释变量。

综上,市场化对农民工劳动报酬的直接影响为 β_{01},即市场化指数每提高 1 单位,将使得农民工的劳动报酬水平直接提升 β_{01};间接影响为 $P_i(1-P_i)\gamma_{01}\beta_1$,即市场化指数每提升 1 个单位,劳动合同签订率将提升 $P_i(1-P_i)\gamma_{01}$,进而使得农民工的劳动报酬提升 $P_i(1-P_i)\gamma_{01}\beta_1$ 个单位。因此,市场化指数每提升 1 个单位，农民工的劳动报酬水平总体将提升 $\beta_{01} + P_i(1-P_i)\gamma_{01}\beta_1$ 个单位。

第二节　市场化和劳动力市场特征的统计描述

本章使用的农民工数据来源于国家卫生计划生育委员会 2013 年和 2014 年全国流动人口动态监测调查数据中的 8 城市融合专项调查数据。① 该数据调查对象为在流入地居住一个月以上、非本区(市、县)的流动人口，并采取分层、多阶段、与规模成比例的 PPS 方法进行抽样，能够反映中国流动人口的总体情况。数据调查内容涉及流动人口的人口统计学信息(包括性别、年龄和婚姻状况等)、人力资本信息(包括教育和培训等)和就业信息(包括职业、收入、工作时间和劳动合同等)，能够满足劳动经济学研究的基本要求。数据调查范围涉及中国东部地区(包括上海市松江区、江苏省苏州市和无锡市、浙江省嘉兴市、福建省泉州市和厦门市、北京市、山东省青岛市、广东省深圳市和中山市)、中部地区(湖北省武汉市、湖南省长沙市和河南省郑州市)和西部地区(陕西省西安市、咸阳市和四川省成都市)，能够反映中国劳动力市场的总体状况。根据研究需要，本章选择男性在 16～60 岁和女性在 16～55 岁的劳动年龄人口，剔除就业但工资项缺失的个体、合同项缺失个体以及就业身份为雇主的个体。为了剔除异常值的影响，本章删除了劳动报酬最高和最低的个体(各占 1%)，最终获得的样本包括 17 737 个农民工，其中，男性农民工 9 874 个、女性农民工 7 863 个。

本章使用的区域经济数据主要包括地区市场化指数和失业率，其中体

---

① 为了使得数据具有可比性，这里应用国家统计局发布的 2014 年 CPI 指数，将 2013 年的劳动报酬水平转化为 2014 年的劳动报酬水平。

现地区市场化程度的数据来自王小鲁等(2016)的《中国市场化八年进程报告》中给出的2014年全国各省份的市场化指数,城市失业率数据来自相关城市的2014年国家统计局网站。

表6-1给出了按城市市场化指数由高到低排列的城市市场化指数、签订劳动合同和未签订劳动合同农民工的小时劳动报酬均值、劳动合同签订率的统计描述。由表6-1可知,在所有城市,无论男性农民工还是女性农民工,签订劳动合同农民工的劳动报酬水平均明显高于未签订劳动合同农民工的劳动报酬水平,说明签订劳动合同可能会促进农民工劳动报酬水平的明显提升。东部地区的市场化程度较高,西部地区的市场化程度较低,而中部地区市场化程度介于两者之间,符合中国区域经济发展的现实。随着城市市场化程度的下降,不仅农民工劳动报酬水平基本呈现出不断下降的变动趋势,而且农民工劳动合同签订率也呈现不断下降的变动趋势,[①]说明市场化程度可能不仅有助于农民工劳动报酬水平的提升,而且有助于农民工劳动合同的签订。市场化水平的提高促进了农民工劳动合同的签订,而劳动合同促进了农民工劳动报酬水平的提升,意味着市场化不仅直接地促进了农民工劳动报酬水平的提升,而且通过促进劳动合同的签订间接地促进了农民工劳动报酬水平的提升。

表6-1 各城市市场化指数、小时劳动报酬及劳动合同签订率统计描述

城 市	市场化指数	小时劳动报酬(元)				劳动合同签订率(%)	
		男性有合同	男性无合同	女性有合同	女性无合同	男性	女性
上海市	9.78	20.01	16.06	16.49	14.06	80.58	83.19
嘉兴市	9.78	16.51	14.45	13.64	11.61	61.10	64.16

---

① 作者进行了市场化指数与劳动报酬水平和劳动合同签订率的相关分析。计算结果表明:市场化指数与男性农民工和女性农民工劳动报酬水平的相关系数分别为0.45和0.54,市场化指数与男性农民工和女性农民工劳动合同签订率的相关系数分别为0.62和0.72。

续 表

城 市	市场化指数	小时劳动报酬(元)				劳动合同签订率(%)	
		男性有合同	男性无合同	女性有合同	女性无合同	男性	女性
苏州市	9.63	19.19	14.38	16.39	11.00	78.07	80.31
无锡市	9.63	17.50	14.00	13.43	10.38	66.28	68.11
深圳市	9.35	23.51	20.60	20.12	15.98	70.34	71.29
中山市	9.35	17.68	15.58	16.09	13.13	62.29	65.91
北京市	9.08	22.31	19.52	19.74	14.58	53.15	59.58
厦门市	8.07	23.65	18.90	18.30	12.69	67.13	70.58
泉州市	8.07	14.55	12.00	11.27	9.70	59.98	58.19
青岛市	7.93	20.39	16.11	14.79	11.34	54.79	53.24
武汉市	7.28	16.13	14.47	11.48	10.44	45.28	50.84
郑州市	7.00	15.38	12.89	14.52	11.07	47.18	43.54
长沙市	6.79	17.28	13.04	13.61	10.26	69.05	66.06
成都市	6.62	18.00	13.07	14.60	10.77	55.79	56.18
咸阳市	6.36	16.20	11.32	11.24	9.10	66.32	67.04
西安市	6.36	14.08	12.40	10.17	9.62	44.69	50.18

诚然,区域经济环境会对农民工劳动合同签订和劳动报酬的获得产生的影响,但是农民工劳动合同选择和劳动报酬获得依旧主要取决于其人力资本水平。表6-2给出了各城市农民工的受教育年限均值和接受培训的比例。从总体上来看,农民工群体的受教育年限较短,且接受培训的比例较低,说明农民工人力资本水平普遍较低。在每个城市,无论是男性农民工还是女性农民工,签订劳动合同农民工的受教育年限均高于未签订劳动合同农民工,签订劳动合同农民工接受培训的比率均高于未签订劳动合同农民工。较高的人力资本水平,意味着签订劳动合同农民工

将获得较高的劳动报酬。从城市之间来看,劳动报酬水平较高的城市,其平均受教育年限较高。

表6-2 各城市农民工人力资本状况统计

城　市	男性受教育年限		女性受教育年限		男性培训		女性培训	
	有合同	无合同	有合同	无合同	有合同	无合同	有合同	无合同
深圳市	10.90	10.15	10.99	10.03	15.42	11.43	13.09	12.50
厦门市	10.76	9.83	10.00	9.58	32.41	23.47	25.07	23.53
北京市	10.97	10.00	10.86	10.15	24.62	18.28	29.80	16.18
青岛市	10.33	9.53	10.18	9.20	49.00	34.38	49.16	38.28
上海市	10.37	8.88	9.88	9.52	7.61	0.88	9.43	4.00
苏州市	10.17	8.97	9.82	8.79	15.18	0.81	14.85	4.15
成都市	10.63	9.56	10.75	9.15	69.49	52.10	64.48	60.40
中山市	10.11	9.18	9.67	8.93	14.19	4.76	12.01	8.06
无锡市	9.55	8.51	9.01	7.85	15.71	6.96	19.51	6.77
长沙市	11.19	10.40	11.22	10.42	32.33	19.23	28.73	16.13
嘉兴市	9.32	8.84	8.56	8.29	22.04	11.54	21.28	8.57
咸阳市	10.84	9.82	11.03	9.90	27.98	16.33	15.83	16.95
武汉市	10.11	9.58	9.66	9.66	20.87	9.35	34.07	14.77
郑州市	11.56	10.76	11.80	10.99	40.00	30.84	39.47	42.90
泉州市	9.68	8.98	8.80	7.97	11.29	2.77	14.66	3.67
西安市	11.10	10.62	11.35	10.89	19.46	7.42	15.49	11.35

由于统计分析无法给出区域经济因素和农民工个体特征对农民工劳动合同签订和农民工劳动报酬影响的准确度量,因此需要应用经济计量方法对农民工个体特征异质性和区域经济环境异质性进行控制,才能准确地分析城市市场化水平对农民工劳动报酬的直接效应和间接效应。

第三节　市场化和劳动合同对农民工劳动报酬影响回归结果

一、农民工劳动合同选择方程回归结果

依据农民工劳动合同选择方程多层模型的设定,本章首先分析了农民工劳动合同签订的决定因素(回归结果参见表6-3)。由回归结果可知,教育有助于提高农民工劳动合同的签订率,受教育年限每提高1年,男性农民工和女性农民工劳动合同签订发生比将分别增加14%和12%,符合人力资本理

表6-3　农民工劳动合同选择方程多层模型回归结果

解释变量	男　性	女　性	解释变量	男　性	女　性
微观层次:			其他企业	-1.799 6***	-1.751 1***
受教育年限	0.140 0***	0.117 7***	截距项	-5.366 7***	-4.837 3***
培训	0.767 5***	0.558 7***	宏观层次:		
经验	0.018 4*	0.028 4**	市场化指数	0.389 8***	0.370 5***
经验平方/100	-0.060 6**	-0.084 6***	失业率	0.417 1***	0.367 7**
已婚	0.059 3	0.017 2	随机效应:		
学龄前儿童	-0.125 7*	-0.177 9**	受教育年限	0.032 0***	0.020 9***
土地经营者	-0.886 9***	-0.665 0	经验	0.012 0***	0.009 0***
党政机关	1.036 7***	0.078 3	培训	0.386 7***	0.372 8***
国有企业	1.383 5***	1.035 7***	宏观层次方差	0.000 0	0.279 2***
集体企业	0.162 3	0.462 9**	Prob>chi2	0.000 0	0.000 0
外资企业	1.399 6***	1.734 8***	似然比	-5 566.18	-4 356.18
个体企业	-0.869 6***	-0.726 1***	样本量	9 874	7 863

论预期。同样,接受培训有助于农民工劳动合同的签订,接受过培训的男性农民工和女性农民工,其签订劳动合同的发生比将分别提升77%和56%,主要缘于接受培训的农民工的技能水平较高,在企业中扮演着更加重要的角色,从企业发展和人力资本积累的角度而言,企业更加倾向于与经过培训的农民工签订劳动合同,以保持长期稳定的劳动关系,有助于企业的稳定经营以及员工忠诚度的提高。本章研究结果与刘林平和陈小娟(2007)的研究结果基本一致。[①] 同时,男性农民工的人力资本回报明显高于女性农民工,暗示着中国劳动力市场中存在针对女性农民工劳动合同签订的性别歧视。

随着工作经验的增长,农民工签订劳动合同的概率呈现先上升后下降的趋势,主要缘于农民工大多从事较为低端的工作,他们在较短的时间内便能成为熟练工,在此之后增加的工作经验并不能进一步成为其产生收益的工作经验(刘林平和张春泥,2007),同时中国存在些许的制度障碍使得农民工群体的工龄得不到相应的认可,因此工作经验并不具备持续的累积效应。

学龄前儿童对男性农民工和女性农民工劳动合同签订均具有显著的抑制作用,主要缘于有学龄前儿童的劳动者需要将更多的时间和精力投入家庭中,因此企业更倾向于与没有学龄前儿童的劳动者签订劳动合同。同时,学龄前儿童对女性农民工劳动合同签订的抑制作用显著高于男性农民工,符合家庭劳动供给理论的预期。

同私营企业相比,国有企业和外资企业签订劳动合同的概率明显更高,而个体企业和其他企业的劳动合同签订率明显更低,与其他经济学者的研

[①] 刘林平和陈小娟(2007)的研究结果表明,受教育年限每增加1年,农民工劳动合同签订发生比将增加9.61%,接受培训使得农民工劳动合同签订发生比增加73.5%。谌新民和袁建海(2012)研究得出受教育年限每增加一年,农民工签订短期劳动合同发生比将增加9.81%,长期劳动合同签订发生比增加11.7%。但也有研究认为教育对劳动合同签订未产生显著影响,例如才国伟和刘冬妍(2014)和林绍珍等(2015)。

究结论基本相同。① 究其原因,首先,越正规的企业科层化的管理需求越大,企业管理的制度化要求就越高,而签订劳动合同便是制度化管理的重要举措之一;其次,越正规的企业越承担着来自政府部门和社会的制度合法性的巨大压力,它们置身于政府部门的严密监管之下,较好地贯彻执行《劳动合同法》,劳动合同签订率明显高于私营企业以及个体企业。②

市场化程度越高的地区,劳动合同签订率越高,说明市场化程度可以促进农民工劳动合同的签订,地区市场化指数每提高一个单位,男性农民工和女性农民工签订劳动合同的发生比将分别提高39%和37%。地区失业率越高,农民工劳动合同签订率越高,主要缘于较高失业率暗示着劳动力市场就业稳定性较差,劳动者对稳定就业的渴望较强烈,因此对劳动合同签订的需求就较高。

二、农民工劳动报酬方程回归结果

依据农民工劳动报酬方程的多层线性模型设定,本章分析了农民工劳动报酬的决定(回归结果参见表6-4)。从模型1、模型2和模型3的回归结果中可以发现,受教育年限、培训和经验等重要解释变量均具有显著的随机效应,说明应用多层模型(而非单层模型)进行回归分析是合理的。

表6-4 农民工劳动报酬方程多层模型回归结果

解释变量	模型1 男性	模型1 女性	模型2 男性	模型2 女性	模型3 男性	模型3 女性
微观层次:						
受教育年限	0.060 7***	0.051 3***	0.056 0***	0.046 2***	0.056 8***	0.047 2***

---

① 刘林平和张春泥(2007)、孙睿君和李子奈(2010)、陈祎和刘阳阳(2010)等均发现国有企业、外资企业劳动合同签订率显著高于私营企业以及个体企业。

② Smith等(2007)和Liu(2010)认为,只有国有企业和大型外资企业会基本按照《劳动合同法》执行,中小私营企业违法的情况难以杜绝。

续表

解释变量	模型1 男性	模型1 女性	模型2 男性	模型2 女性	模型3 男性	模型3 女性
培训	0.0896***	0.0621***	0.0703***	0.0444***	0.0711***	0.0451***
经验	0.0238***	0.0157***	0.0231***	0.0144***	0.0232***	0.0146***
经验平方/100	-0.0555***	-0.0389***	-0.0534***	-0.0354***	-0.0535***	-0.0353***
已婚	0.1442***	-0.0049	0.1435***	-0.0054	0.1433*	-0.0052
学龄前儿童	0.0138	0.0121	0.0172	0.0185	0.0171	0.0184
土地经营者	0.0863	0.0201	0.1201**	0.0481	0.1175**	0.0453
党政机关	-0.0494	0.1367***	-0.0735*	0.1342***	-0.0731*	0.1326***
国有企业	0.1850***	0.1193***	0.1557***	0.0900***	0.1558***	0.0902***
集体企业	0.1102***	0.0650**	0.1048***	0.0519*	0.1049***	0.0508*
外资企业	0.1212***	0.1581***	0.0957***	0.1211***	0.0959***	0.1212***
个体企业	-0.0380***	-0.0500***	-0.0107	-0.0220*	-0.0112	-0.0225**
其他企业	0.0003	-0.0377	0.0576**	0.0311	0.0571**	0.0306
劳动合同	—	—	0.1465***	0.1792***	0.1455***	0.1783***
截距项	1.2111***	1.3304***	1.7353***	1.8016***	1.2471***	1.3630***
宏观层次：						
市场化指数	0.0691***	0.0644***	—	—	0.0585***	0.0519***
随机效应：						
受教育年限	0.0100***	0.0107***	0.0122***	0.0135***	0.0104***	0.0117***
经验	0.0004***	0.0021***	0.0012***	0.0021***	0.0011***	0.0016***
培训	0.0384***	0.0476***	0.0403***	0.0424***	0.0390***	0.0412***
宏观层次方差	0.0545***	0.0463***	0.1015***	0.0819***	0.0683***	0.0746***
总体方差	0.4212***	0.3866***	0.4160***	0.3786***	0.4161***	0.3787***
Prob>chi2	0.0000	0.0000	0.0000	0.0000	0.0000	0.0000
似然比	-5511.18	-3730.32	-5399.75	-3571.79	-5396.37	-3569.60
样本量	9874	7863	9874	7863	9874	7863

从回归结果中可知,教育有助于农民工劳动报酬水平的显著提升,受教育年限每增加1年,男性农民工和女性农民工的劳动报酬水平分别提升6%和5%,符合人力资本理论预期。培训是农民工进入劳动力市场以后的培训状况,如果说农民工在进入劳动力市场前所接受的学校教育决定了他们所从事的工作(或岗位)基本处于某类工资层级上,在工作后接受的培训则影响了农民工的工资在某水平上能有多大的变动(刘林平和张春泥,2007)。与教育类似,培训也有助于农民工劳动报酬水平的提升,接受培训将导致男性农民工和女性农民工的劳动报酬水平分别提升平均8%和5%,符合人力资本理论预期。同时,男性农民工的教育回报和培训回报明显高于女性农民工,暗示着中国劳动力市场中存在针对女性农民工劳动报酬获得的性别歧视。

随着经验的增长,农民工劳动报酬水平呈现先上升后下降的变动趋势,符合生命周期理论预期。已婚男性农民工的劳动报酬水平比未婚男性农民工的劳动报酬水平高14%左右,主要缘于已婚男性农民工需要承担更多的家庭责任,工作会更加努力,力争获得更高的劳动报酬。

与私营企业相比,农民工在国有企业、集体企业和外资企业就业将获得较高的劳动报酬,而在个体企业就业将获得较低的劳动报酬,主要缘于国有企业、集体企业和外资企业对劳动合同法律法规落实情况较好,员工福利(包括社会保障等)水平较高,因而劳动报酬水平较高。

在控制了农民工人力资本特征、人口统计学特征和就业特征以后,模型1考察了市场化对农民工劳动报酬的影响。从回归结果中可以发现,市场化有助于农民工劳动报酬水平的显著提升,市场化指数每提高1个单位,男性农民工和女性农民工的劳动报酬水平将分别提升6.91%和6.44%,说明市场化促进了劳动力市场资源配置效率的提升,农民工劳动得到更加充分的认可。同时,市场化对女性农民工劳动报酬水平提升的作用略小于男性农民工,意味着随着市场化进程推进,针对女性农民工劳动报酬获得的性别歧视并未得到明显缓解。

模型2考察了劳动合同对农民工劳动报酬的影响,从回归结果中可以发现,签订劳动合同将导致男性农民工和女性农民工劳动报酬水平分别提升14.65%和17.92%,说明签订劳动合同有助于农民工劳动报酬水平的显著提升。同时,女性农民工的劳动合同溢价明显高于男性农民工,意味着贯彻实施《劳动合同法》将有助于缓解劳动力市场中针对女性农民工劳动报酬获得的性别歧视。

模型3同时考察了劳动合同和市场化对农民工劳动报酬的影响,从回归结果中可以发现,签订劳动合同将导致男性农民工和女性农民工劳动报酬水平分别提升14.55%和17.83%;市场化指数每提高1个单位,男性农民工和女性农民工的劳动报酬水平将分别提升5.58%和5.19%,说明市场化和签订劳动合同均能直接地对农民工劳动报酬水平的提升产生积极影响。

综上可知,一方面,市场化能够直接地促进农民工劳动报酬水平的提升;另一方面,市场化能够促进农民工劳动合同签订率的提升,而劳动合同签订有助于农民工劳动报酬水平的提升,因而市场化能够通过促进农民工劳动合同签订而间接地促进农民工劳动报酬水平的提升。通过计算可知,市场化指数每提高1个单位,将通过促进农民工劳动合同签订而间接地导致男性农民工和女性农民工劳动报酬水平分别提升1.33%和1.50%。

第四节 本 章 小 结

依据2013年和2014年国家卫生和计划生育委员会全国流动人口动态监测调查数据中的8城市融合专项调查数据,本章建立了农民工劳动合同选择模型的多层Logit模型和劳动报酬方程的多层线性回归模型,用以分析市场化指数对农民工劳动报酬的直接影响以及通过劳动合同签订作用于农民工劳动报酬的间接影响。通过对模型设定的检验，证明了建立多层回归模型是合理的，不仅能够提高参数估计的精度，而且能够将个体特征变量和宏观经济环境变量相结合，更加准确地度量市场化指数对农民工劳动报酬获得的直接影响和间接影响。

研究结果表明，市场化指数每提升一个单位，男性农民工的劳动报酬水平提升5.58%，女性农民工的劳动报酬水平提升5.19%，市场化进程可以显著提升农民工的劳动报酬水平，意味着随着市场化水平的提高，资源配置得到了优化，因此劳动生产的效率有所提升。

市场化指数对农民工劳动合同的签订具有显著的促进作用，意味着市场化程度越高、劳动力市场越规范，劳动力市场制度的实施效果越好，劳动合同签订率越高，有效保障农民工的合法权益。因此，政府部门应不断推进市场化进程，加速计划经济体制向市场经济体制的转型，不断消除劳动力市场对农民工群体的歧视，构建和谐稳定的社会。

劳动合同签订对农民工劳动报酬的获得具有显著的促进作用，签订劳动合同使得男性农民工的劳动报酬提升14.55%，女性农民工提升17.83%。劳动合同对农民工劳动报酬的促进作用一方面缘于工资的提升，另一方面缘于社会保障享有状况的改善。由此可见，劳动合同签订不仅可以提升农民工的收入状况，还有利于促进农民工群体的城市融合，加快我国城镇化进程。因此，政府相关部门应督促企业（尤其是中小型民营企业）严格贯彻执行《劳动合同法》，提高劳动合同签订率，保证农民工群体的合法权益，促进稳定就业。

通过市场化进程对劳动合同签订的促进作用以及劳动合同签订对农民工劳动报酬水平的提升作用，我们可以发现，市场化不仅具有直接提升劳动力市场资源配置效率，同时还具有间接通过完善劳动力市场制度的方式提升农民工劳动报酬水平的作用。通过计算，可以得到市场化指数每提升1个单位，可以间接使得男性农民工的劳动报酬提升1.33%，女性农民工提升 1.50%。

本章的研究表明受教育年限越长,农民工的劳动报酬水平越高,接受培训的农民工的劳动报酬水平显著高于未接受培训的农民工的劳动报酬水平;但从整体来看,农民工群体的受教育年限普遍较低,接受培训的比例也仍然很低,说明农村的教育和培训事业具有广阔的发展空间,政府部门应加大农村的教育投入,提高农民工群体的受教育水平,进而不断提升农民工的劳动报酬水平,缩小城乡收入差距。同时,政府相关部门还应该大力发展农民工的培训事业,提高农民工群体的技能水平,促进农民工群体在高技能职业中的就业,降低城镇劳动力市场对农民工群体的歧视。本章中培训的回报率不足10%,针对这一情况,政府部门不仅应该加大培训的覆盖面,还应该转换培训方式,不断提升培训效率,更大程度地促进农民工群体劳动报酬水平的提升。

从企业类型方面我们发现,私营企业、个体企业及其他企业不仅劳动合同签订率低,而且劳动报酬水平也较低。因此,一方面,政府应该加大对这些企业的监管力度,促使其规范化经营,不断提升小型企业的盈利能力以及资源配置效率;另一方面,政府可以加大对中小型民营企业的扶持力度,为民营企业的发展提供良好的土壤,增加市场的灵活性。

第七章　市场化和劳动合同对农民工工资性别差异的影响

　　伴随着我国经济的快速发展以及地区间经济差距的扩大，城乡间劳动力流动逐渐增多。2016年，我国农民工数量已达到2.82亿人，且女性农民工的占比持续提高（国家统计局，2016）。然而，女性农民工的工资水平明显低于男性是不争的事实，女性农民工受到"双重歧视"。农民工内部的工资差异是十分值得关注的问题。然而，经济学者主要关注城镇职工的性别工资差异问题（李丽英和董晓媛，2008；陈建宝和段景辉，2009；葛玉好和曾湘泉，2011；何光晔和吴晓刚，2015等），对农民工的性别工资差异问题关注较少（王震，2010；王芳和周兴，2012；蒯鹏州和张丽丽，2016等）。农民工的性别工资差异呈现逐渐上升的变动趋势（Rozelle等，2002；罗忠勇，2010）。①那么，农民工群体的工资性别差异有多大？哪些因素是造成农民工工资性别差异的主要原因？性别歧视在其中起到多大的作用？如何缓解农民工的性别歧视或者降低工资性别差异？本章基于2013年和2014年全国流动人口动态监测调查数据中的8城市融合数据，对以上问题进行分析。

　　关于农民工性别工资差异问题的研究均指出，农民工群体的性别工资差异普遍存在，并且性别歧视是导致其存在的主要原因（钟甫宁等，2001；梁

---

① 罗忠勇（2010）基于2006年和2008年珠三角的调查数据，指出农民工群体的性别工资差异随时间逐渐扩大。作者应用2009—2015年全国流动人口动态监测调查数据进行统计分析，数据结果表明2009—2015年农民工工资性别差异分别为19.75%、23.00%、25.54%、25.63%、26.59%、26.23%和28.02%，呈现逐渐上升的变动趋势。

吉娜,2009;李实和杨修娜,2010;罗忠勇,2010;王芳和周兴,2012;曹永福和董月萍,2014;罗俊峰和童玉芬,2015等)。以往研究为本章的研究提供了基础和有益的研究思路,但是上述研究忽略了两个方面的影响:

首先,宏观经济环境对农民工性别工资差异的影响。根据Becker(1957)的歧视理论,歧视是有成本的,偏好歧视的企业将处于竞争的劣势。市场化改革的深入使更多的企业面临愈加激烈的市场竞争环境,竞争的加剧将可能缓解劳动力市场上的性别歧视。Bulow和Summers(1986)、Black和Brainerd(2002)均认为,随着市场化水平的提高,市场竞争性将增强,工资水平能够更加充分地体现劳动者的劳动生产率,因此市场化有助于缓解针对女性的就业歧视和工资歧视。Meng(1998)和Liu等(2000)对市场化对农民工的性别工资差异影响问题进行探讨,研究结果表明在市场化程度越高的部门,性别工资差异中未被解释的部分所占的比重越小,说明市场化改革提高了女性农民工的经济地位。

其次,中国劳动力市场经历了从无到有,再到不断发育的过程。在此过程中,劳动力市场制度不断完善。2008年实施《劳动合同法》。[①] 在劳动报酬方面,《劳动法》和《劳动合同法》均确立了同工同酬的分配原则。[②] 劳动合同签订将督促用人单位支付女性劳动力与男性劳动力相同的工资,促进女性劳动力工资水平的提升,进而有助于缓解性别歧视。[③] 罗楚亮(2008)基于1995年和2002年城镇住户调查数据,研究表明签订劳动合同的收入

[①] 《劳动合同法》立法宗旨:完善劳动合同制度,明确合同双方当事人的权利和义务,保护劳动者的合法权益,构建和谐稳定的劳动关系。中国劳动合同制度与西方国家存在明显的差异,更多地是保障弱势劳动力群体的就业及工资等方面的合法权益,女性农民工作为劳动力市场中的弱势群体,是《劳动合同法》的重要保障对象。

[②] 同工同酬是指用人单位对于同一工作岗位、付出相同劳动的劳动者,应当支付大体相同的劳动报酬。同工同酬是一个原则,是相对的,不是绝对的,即使是同一岗位的劳动者,也有资历、能力、经验等方面的差异,劳动报酬有一些差别,只要大体相同,就不违反同工同酬原则。

[③] 郭凯明和颜色(2015)对"同工同酬"的反歧视政策对劳动力市场性别不平等影响进行研究,结果表明"同工同酬"政策虽然可以缓解工资性别不平等,但是会提高女性劳动力晋升的门槛,促使低人力资本的女性劳动力失业,而降低高人力资本水平的女性劳动力晋升速度。因此,"同工同酬"政策并不是帕累托改进的政策。这里将劳动合同签订作为"同工同酬"政策的代理变量,并且仅考虑其对工资性别差异的影响。

机制更为强调分配结果上的性别均等，未签订劳动合同就业中，更为强调其生产性结果，而缺少了收入分配性别均等化的额外约束。

因此，本章试图考察在市场化不断推进以及《劳动合同法》实施要求"同工同酬"的背景下，进一步研究我国农民工工资性别差异的变动情况及其成因。本章将对宏观和微观层面变量对工资性别差异进行研究，传统的回归方法将导致估计偏差，而多层统计分析模型为将宏观经济分析和微观经济分析有机结合提供了一个有益思路。[①] 因此本章将构建农民工工资方程的多层线性回归模型，并应用Oaxaca-Blinder工资差异分解方法，研究市场化和劳动合同签订对农民工工资性别差异的影响。

清晰认识劳动力市场中工资性别差异产生的原因并制定积极政策消除工资性别差异，有利于提升女性农民工的经济地位，缓解对女性农民工的性别歧视。同时，在市场化进程不断推进的背景下对该问题进行研究，可以清晰地认识市场化改革对农民工工资性别差异的影响。

第一节　劳动合同与性别工资差异的统计描述

一、数据来源

本章的应用数据为2013年和2014年全国流动人口动态监测调查数据中的8城市融合专项数据[②]，该调查自2009年开始，每年进行一次。该数据

[①] 由于该模型存在明显的优势，国外学者最先将其广泛应用到劳动经济学的诸多领域。与国外研究相比，国内应用多层模型的研究起步较晚，但目前应用也较为广泛（王天夫和崔晓雄，2010；郭凤鸣和张世伟，2013；张顺和程诚，2013；Liu等，2016）。

[②] 首先，为了保证数据具有可比性，本文将2014年调查数据中农民工的收入水平应用CPI指数平减到2013年；其次，本文的调查数据为专项调查数据，每年调查范围仅有8个城市，并未覆盖全国各省市，因此宏观经济指标数据变动范围较小；最后，本文应用两年的数据则是为了弥补数据变动不充分的问题，以提高回归结果的准确性。

在全国流动人口动态监测调查数据中每年抽取8个城市进行调查,2013年抽取的城市包括长沙市、泉州市、上海市、苏州市、无锡市、武汉市、咸阳市、西安市,抽取样本数为16 878个,2014年抽取的城市包括成都市、嘉兴市、青岛市、深圳市、北京市、厦门市、郑州市和中山市,抽取样本数为15 999个。该数据的调查对象为"在流入地居住一个月以上,非本区(县、市)户口的15~59周岁流动人口",抽样方法为分层、多阶段、与规模成比例的PPS抽样。该数据为本章的研究提供了可靠的支持:首先,该样本包括被调查个体较为详尽的信息,包括年龄、受教育程度、经验、接受培训状况以及与工作相关的信息等;其次,该数据包含被调查个体劳动合同签订状况信息,本章利用该信息构造劳动合同变量;最后,该数据覆盖东部、中部和西部地区,具有良好的代表性,而各省市的市场化程度又不尽相同,有助于对市场化进程中劳动合同对农民工工资性别差异的影响进行研究。本章剔除劳动合同项缺失以及工资和工作时间项缺失的个体,保留劳动年龄人口,保留户籍为农村的流动人口,最终获得样本16 555个。为了剔除工资极值的影响,本章将工资上下0.5%的个体剔除,最终获得样本数为16 395个,其中男性农民工9 034个、女性农民工7 361个,男性农民工的劳动合同签订率为71.02%,女性农民工的劳动合同签订率为71.82%,劳动合同签订率在《劳动合同法》实施以来得到明显提高。

二、变量选取与测量

(一) 被解释变量的选取与测量

本章应用分解方法研究农民工的工资性别差异问题,因此被解释变量为农民工的工资,数据调查中包含农民工的月工资以及周工作时间的调查,为了剔除工作时间不同所产生的影响,本章采用小时工资作为被解释变量。同时,为了降低异方差性,在工资方程回归时对小时工资进行对数化处理。

(二) 解释变量的选取与测量

1. 市场化程度指标

以往的研究对市场化程度度量指标多种多样[①],但刘和旺和王宇峰(2010)认为多数衡量市场化程度的指标均存在较多争议,应用樊纲和王晓鲁的市场化指数作为市场化程度的衡量指标,因此,本章将沿用该思路。[②] 之所以采用该指标,(1)基于本章的研究按照城市对数据进行分层,而该指标可以很好地与之相对应。(2)国内较多学者均使用这一指标(张爽等,2007;刘和旺和王宇峰,2010;李群峰,2013;郝君富和文学,2013;程名望等,2016;何凌霄和张忠根,2016)。(3)该指标与本章的研究主题更为契合。因为自改革开放以来,中国面临的是经济、社会、法律和制度的全面改革,本章试图在市场化改革的背景下讨论劳动合同签订对农民工工资性别差异的影响。由于本章应用的是 2013 年的调查数据,为了避免内生联立性,在此借鉴刘和旺和王宇峰(2010)的做法,应用 2012 年各省的相对市场化指数,各省份市场化进程相对指数从 1 到 10。指数越大,表示市场化程度越高。

2. 劳动合同变量

劳动合同签订的主要意图是保障劳动者的权益,提高劳动者的工作稳定性,但是由于劳动合同涉及劳动者的解雇成本,在不完全竞争市场,试用期理论、内部人-外部人理论、二元劳动力市场理论等均证明签订劳动合同劳动者的工资高于未签订劳动合同劳动者的工资,即劳动合同签订不仅保

---

① Xie 和 Hannum(1996)应用工业总产值的平均增长速度作为市场化程度的指标,Nee(1996)应用"依赖市场"的公司数量来衡量市场化程度,张丹丹(2004)以时间作为市场化程度的衡量指标,边燕杰和张展新(2002)、郝大海和李路路(2006)以及张顺和程诚(2012)应用某行业中非国有部门从业人员占该行业从业人员的比重来衡量市场化程度,比重越高表明市场化程度越高。

② 樊纲和王晓鲁采用五因素分析法,从政府与市场的关系、非国有经济的发展、产品市场的发育程度和要素市场的发育程度、市场中介组织发育、法律制度环境 5 个方面测度中国各省份的市场化程度。

障劳动者工作的稳定性,并且可以提升劳动者的工资水平。这在中国经验研究中也得到了证实。[①] 被调查个体劳动合同类型包括"无固定期限""有固定期限""完成一次工作任务或试用期""未签订劳动合同""不清楚"和"其他"。本章将"不清楚"和"其他"的样本剔除,将劳动合同类型分为签订劳动合同和未签订劳动合同两大类,将"无固定期限""有固定期限"和"完成一次工作任务或试用期"归类为已签订劳动合同。

3. 人力资本变量

在 Mincer(1974)提出的标准工资方程中,教育水平和工作经验作为劳动者人力资本水平的重要衡量指标,是非常重要的控制变量。(1)教育为进入劳动力市场之前的人力资本积累,调查数据中关于教育的调查为受教育程度状况,为定性数据,本章将其转换为定量数据受教育年限。[②] (2)经验是劳动者进入劳动力市场之后通过"干中学"积累的,同样也是人力资本水平的重要方面。由于本章的研究对象为农民工,因此采用被调查个体的非农务工经验[③]。(3)本章将引入经验的平方项来识别经验与工资之间的非线性关系,因为技能水平在工作一段时间会不断提高,但达到一定水平时会出现停滞甚至于下降。(4)由于培训可以提升劳动者(尤其农民工群体)的技能水平,提高劳动者的工作效率,因此,本章同时将培训作为人力资本水平的又一衡量指标,加之调查数据中培训为政府提供的免费培训,恰可以实证的检验政府培训的实施效果。

4. 个体特征及就业特征变量

在模型中,本章还控制了其他可能影响农民工工资水平的变量,其中包括婚姻状况、学龄前儿童、工作单位的所有制类型、职业等。其中,婚姻状况

---

① 关于劳动合同签订对工资的影响,国内学者得到了一致的研究结论,认为劳动合同签订可以显著提升劳动者的工资水平,例如孙睿君和李子奈(2010)、陈祎和刘阳阳(2010)等。

② 受教育程度向受教育年限的转换方法:从未上过学为0年,小学为6年,初中和中专为9年,大专为15年,大学本科为16年,研究生为19年。

③ 具体的计算方式为调查年份减去第一次外出务工的时间。

分为已婚和未婚,以未婚为参照组,根据家庭劳动供给理论,已婚男性承担着更多的家庭责任,工作会更加努力,因此其工资水平较高;学龄前儿童变量也为二元变量,以无学龄前儿童作为参照组,依据家庭劳动供给理论,有学龄前儿童的女性将更多的时间和精力用于家庭生产中,因此工资较低;工作单位所有制类型包括土地经营者、党政机关和事业单位、国有企业、集体企业、三资企业、私营企业、个体企业和其他企业,以私营企业作为参照组,不同所有制企业的劳动力配置效率不同,制度约束不同,可能会导致工资决定机制不同,因此将其纳入工资方程中;不同职业在企业经营中所起作用的重要程度不同,可能获得的工资水平存在差异,因此本章将职业作为工资方程的控制变量,以工人为对照组。

三、数据统计描述

中国幅员辽阔,各城市经济发展状况存在明显差异,宏观的经济发展环境将对农民工的工资获得产生影响,经济发展状况不同,歧视的程度也将不同。表7-1分城市对农民工的工资以及人力资本变量进行统计描述,包括各城市市场化指数、男性和女性农民工的工资率和平均受教育年限、经验和接受培训状况。表7-1的统计结果显示江浙沪地区的市场化程度最高,市场化程度由东部地区向西部地区逐渐降低,符合中国区域经济发展现实。东部地区农民工的工资水平明显高于中部地区和西部地区农民工的工资水平,其中:深圳市农民工工资水平最高,平均小时工资为18.04元,其中男性农民工的小时工资为19.32元、女性农民工的小时工资为16.30元;西安市农民工工资水平最低,平均小时工资为11.35元,其中男性农民工的小时工资为12.79元、女性农民工的小时工资为9.40元,深圳市的农民工小时工资较西安市高58.94%,说明地区间存在较为明显的工资差距。

表7-1 各城市市场化指数、工资水平均值及劳动力人力资本特征①

城 市	市场化指数	工资率(元/小时) 男性	工资率(元/小时) 女性	受教育年限 男性	受教育年限 女性	经验 男性	经验 女性	接受培训(%) 女性	接受培训(%) 女性
苏州市	9.95	14.93	12.56	9.91	9.63	9.31	7.76	12.26	12.74
无锡市	9.95	14.03	10.69	9.21	8.64	10.12	9.31	13.28	15.78
嘉兴市	9.33	14.08	11.44	9.11	8.43	9.47	8.01	17.96	17.00
上海市	8.67	15.83	13.36	10.10	9.84	9.07	7.96	6.37	8.68
深圳市	8.37	19.32	16.30	10.77	10.86	9.35	8.33	14.95	11.53
中山市	8.37	14.54	12.90	9.86	9.46	10.80	10.14	11.13	10.38
北京市	8.31	17.97	14.98	10.44	10.66	7.72	6.98	20.99	25.27
青岛市	7.41	15.27	11.52	9.95	9.80	7.84	7.19	42.27	44.42
厦门市	7.27	16.73	13.13	10.47	9.90	10.21	9.39	30.23	25.10
泉州市	7.27	12.58	9.98	9.39	8.45	10.71	9.35	7.82	10.50
郑州市	6.48	12.40	11.21	11.22	11.48	5.64	5.04	35.53	41.42
武汉市	6.32	14.57	9.98	9.80	9.56	10.44	9.08	15.25	25.15
成都市	6.10	13.60	11.13	10.22	10.23	10.29	8.45	61.59	63.43
长沙市	5.73	13.85	11.23	10.88	10.97	8.78	6.59	27.79	25.00
咸阳市	5.18	13.25	9.69	10.54	10.73	8.43	5.80	22.78	16.67
西安市	5.18	12.79	9.40	10.84	11.11	7.48	6.69	13.28	13.48

为了清晰而直观地了解市场化指数与平均工资和性别工资差异之间的关系,本章对其进行相关性检验,结果表明市场化指数和城市平均小时工资之间存在显著的正相关关系,说明市场化指数越高,城市农民工的平均小时工资水平越高;市场化指数越高,城市农民工的性别工资差异越小,说明深化市场改革不仅有助于农民工整体工资水平的提升,而且有助于性别工资差异的下降。

---

① 按照市场化指数由高到低进行排序,市场化指数相同时,按照工资水平进行排序。

依据 Mincer(1974)的经典工资方程设定,影响劳动者工资水平的主要是人力资本水平,因此本章表7-1给出了各城市男性农民工和女性农民工的受教育年限均值、工作经验均值和接受培训的状况。由统计结果可知,农民工整体的受教育年限较低,大多数仅完成九年义务教育,接受高等教育(大专及大专以上)的农民工仅有10%。郑州市的平均受教育年限最高,嘉兴市的受教育年限最低,郑州市的平均受教育年限较嘉兴市高2.53年,说明各城市之间的受教育水平存在明显差异。农民工整体的培训状况非常差,总体接受培训的比例仅为21.54%,说明我国政府对农民工的培训覆盖率较低,针对农民工的培训事业具有广阔的空间。成都市的培训比例最高,达到了60%以上,上海市的培训比例最低,仅不足10%的农民工接受培训,说明各城市政府培训存在着明显的差异。从性别的角度看,男性农民工的受教育年限、工作经验以及接受培训的比例均高于女性农民工。综上可知,平均人力资本水平的差异可能是导致城市间工资差异以及工资性别差异的重要原因。

同样,本章对受教育年限、工作经验和培训状况与城市农民工平均工资和工资性别差异进行相关性分析,结果表明城市受教育年限和工作经验都与个体的城市工资水平显著正相关,说明受教育水平越高、工作经验越丰富的城市农民工的工资水平越高,但城市培训比例与城市的平均工资之间的关系不显著;城市的平均受教育年限越高、工作经验越丰富、接受培训比例越高城市的工资性别差异越小,说明教育、经验和培训有助于提升农民工的工资水平,并且有助于降低工资性别差异。

表7-2给出了农民工劳动合同签订以及人力资本变量与工资性别差异的统计描述。签订和未签订劳动合同农民工中均存在显著的工资性别差异,签订劳动合同农民工中男性和女性的小时工资差异为2.6962元,未签订劳动合同两性农民工中小时工资差异为2.8327元,说明在签订劳动合同的农民工中的性别工资差异小于未签订劳动合同农民工,意味着劳动合同

签订可能会降低工资性别差异,但是在显著性检验中发现,两组间的差异并不显著。

表 7-2 签订和未签订劳动合同男性和女性农民
工工资及人力资本特征统计描述①

变量	有 合 同		无 合 同		差中差
	男性	女性	男性	女性	
小时工资(元)	15.347 5	12.651 3	13.159 7	10.327 0	-0.137
受教育年限(年)	10.323 1	10.007 0	9.437 4	9.299 9	0.179**
接受培训(%)	24.002 5	22.829 6	15.097 9	18.804 2	0.049***
经验	9.174 9	8.070 1	9.240 5	7.924 7	-0.211

由于影响工资性别差异的变量还主要包括人力资本变量,因此表7-2同时给出了签订和未签订劳动合同农民工的人力资本特征。由统计结果可知,签订劳动合同农民工的人力资本水平明显高于未签订劳动合同农民工。依据差中差的结果可知,签订劳动合同农民工与未签订劳动合同农民工男性与女性农民工的人力资本差异存在显著差异。因此,统计结果不能准确的度量劳动合同签订对性别工资差异的影响,需要应用计量分析方法进行精确计算。

表7-3给出了各城市签订和未签订劳动合同农民工小时工资的均值以及各城市劳动合同溢价的统计描述情况。各城市签订劳动合同农民工的工资水平均高于未签订劳动合同农民工的工资水平,即劳动合同存在工资溢价。值得关注的是,各城市的劳动合同溢价存在较大差异。表7-3中城市排序按照市场化指数由高到低进行排序,通过劳动合同溢价情况与城市市场化指数进行相关分析的结果显示,劳动合同溢价与市场化指数呈显著

---

① 2014年的工资通过CPI指数平减至2013年的工资水平。

的负相关关系,①说明随着市场化的不断深入,劳动合同溢价逐渐降低。

表7-3 各城市签订和未签订劳动合同农民工小时工资均值　　　　（元）

城　市	苏州市	无锡市	嘉兴市	上海市	深圳市	中山市	北京市	青岛市
有合同	14.031 5	12.767 9	13.031 5	14.930 3	18.570 6	14.050 4	17.185 7	14.661 1
无合同	12.138 6	11.761 8	12.757 2	13.767 8	14.375 0	12.792 8	15.764 5	11.940 0
工资溢价	1.892 9	1.006 1	0.274 3	1.162 6	4.195 5	1.257 6	1.421 2	2.721 0
城　市	厦门市	泉州市	郑州市	武汉市	成都市	长沙市	咸阳市	西安市
有合同	15.799 3	12.025 1	12.645 3	13.051 8	13.617 9	13.366 0	12.645 8	11.713 7
无合同	12.416 6	10.573 9	10.914 9	11.806 7	10.598 1	10.902 5	9.551 1	10.965 7
工资溢价	3.382 7	1.451 2	1.730 5	1.245 1	3.019 8	2.463 5	3.094 7	0.748 0

由于个体之间存在异质性,统计分析并不能给出准确的度量,因此需要对个体异质性和城市层面的经济发展特征以及微观和宏观层次的交互作用进行控制,才能够准确地分析市场化以及劳动合同签订对农民工工资和性别工资不平等的影响。

第二节　基于多层模型的劳动报酬差异分解方法

一、工资方程多层线性回归模型

以往对性别工资歧视及性别工资差异研究的主要方法包括:

(1) 普通最小二乘(OLS)回归,将性别变量作为解释变量直接加入工

---

① 各城市劳动合同溢价与市场化指数之间的相关系数为 -0.322 8,并在1%的显著水平下显著。

资方程中,通过性别变量的回归系数度量性别歧视的大小。(2)将总体样本分为男性农民工和女性农民工两个子样本,分别进行最小二乘回归,然后再应用适当的工资差异分解方法,分解出性别歧视的部分。第一种方法假设各个解释变量对男性和女性的作用效果是相同的,即回归系数相同。第二种方法虽然放松了该假设,但是并未考虑数据的嵌套关系,因此可能导致估计结果是有偏的。传统的 OLS 回归方法要求以方差齐次和随机误差项独立性为前提假设。但是,来自同一地区的农民工不是相互独立的,他们受到地区宏观经济环境因素的影响,这便违反了观测个体的独立性假设。同一地区的农民工之间的同质性要高于不同地区不同农民工之间的同质性,在回归中由于一些不可观测变量进入误差项,因而违背了 OLS 回归方法关于残差项无序列相关的假设。多数研究中,没有对不同地区之间工资差异进行考量,导致很多本来由地区经济环境带来的工资差异被解释为性别工资差异,导致了无法将参数变异和抽样变异区分开,夸大了性别与工资差异之间的关联。

根据以上分析,本章将应用多层回归模型方法,研究市场化和劳动合同签订对农民工工资性别差异的影响。首先建立工资方程的多层线性模型。

微观层次模型:

$$\ln y_{ij} = \beta_{0j} + \beta_{1j} T_{ij} + \beta_2 X_{ij}^0 + \beta_{3j} X_{ij}^1 + \varepsilon_{ij} \tag{7.1}$$

其中, j 表示城市, $\ln y_{ij}$ 表示在 j 城市中个体 i 的小时工资对数, β_{0j} 为截距项, T_{ij} 表示劳动合同变量,回归系数为 β_{1j} ,表示劳动合同的工资溢价, X_{ij} 表示影响农民工工资的个体特征向量,微观层面的解释变量 X_{ij} 被分解为 X_{ij}^0 和 X_{ij}^1 两部分, X_{ij}^0 的系数 β_2 是固定系数,不随城市变化而变化; X_{ij}^1 的系数 β_{3j} 为随机系数,随城市不同而发生改变, ε_{ij} 为随机误差项。

宏观层次模型:

$$\beta_{0j} = \gamma_{00} + \gamma_{01} S_{1j} + \mu_{0j} \tag{7.2}$$

$$\beta_{1j} = \gamma_{10} + \gamma_{11} S_{1j} + \mu_{1j} \tag{7.3}$$

$$\beta_{3j} = \gamma_{30} + \mu_{3j} \tag{7.4}$$

其中,S_{1j} 表示市场化指数,γ_{01} 表示其回归系数。通过模型回归系数和城市层面误差项方差,可以计算市场化指数对城市间农民工工资差异的解释作用。γ_{00} 表示农民工小时工资对数 $\ln y_{ij}$ 的整体均值,$\mu_{0j} \sim (0, \sigma_{\mu 0}^2)$ 表示城市层面的随机扰动项(即城市间的平均工资与整体平均工资的差异),且 $\mathrm{cov}(\varepsilon_{ij}, \mu_{0j}) = 0$。$\gamma_{10}$ 和 μ_{1j} 分别为 β_{1j} 的总体均值和随机误差项,γ_{30} 和 μ_{3j} 分别为 β_{3j} 的总体均值和随机误差项,观察 μ_{1j} 及 μ_{3j} 方差的显著性判断是否存在随机性。

因此,农民工工资方程的多层模型可以表示为:

$$\begin{aligned}\ln y_{ij} =& \gamma_{00} + \gamma_{01} S_{1j} + \beta_2 X_{ij}^0 + \gamma_{10} T_{ij} + \gamma_{11} T_{ij} S_{1j} + \gamma_{30} X_{ij}^1 \\ &+ (\mu_{0j} + \mu_{1j} T_{ij} + \mu_{3j} X_{ij}^1 + \varepsilon_{ij}) \end{aligned} \tag{7.5}$$

其中,$T_{ij} S_{1j}$ 表示劳动合同变量(微观层面)和市场化指数(宏观层面)解释变量的跨层交互作用,由式(7.5)可知,复合型残差 $\mu_{1j} T_{ij} + \mu_{3j} X_{ij}^1$ 会使得残差项存在异方差性。因此,本章应用条件极大似然法估计该多层模型。

二、工资差异分解方法

借鉴 Oaxaca-Blinder 的工资差异分解方法,可以将男性女性农民工的对数小时工资均值表示如下:

$$\begin{aligned}\ln \overline{y}_{ij}^m =& \hat{\gamma}_{00}^m + \hat{\gamma}_{01}^m \overline{S}_{1j}^m + \hat{\beta}_2^m \overline{X}_{ij}^{0m} + \gamma_{10}^m \overline{T}_{ij}^m + \hat{\gamma}_{11}^m \overline{T}_{ij}^m \overline{S}_{1j}^m \\ &+ \gamma_{30}^m \overline{X}_{ij}^{1m} + \eta_1^m \overline{\lambda}_{ij}^m + e^m \end{aligned}$$

$$\begin{aligned}\ln \overline{y}_{ij}^f =& \hat{\gamma}_{00}^f + \hat{\gamma}_{01}^f \overline{S}_{1j}^f + \hat{\beta}_2^f \overline{X}_{ij}^{0f} + \gamma_{10}^f \overline{T}_{ij}^f + \hat{\gamma}_{11}^f \overline{T}_{ij}^f \overline{S}_{1j}^f \\ &+ \gamma_{30}^f \overline{X}_{ij}^{1f} + \eta_1^f \overline{\lambda}_{ij}^f + e^f \end{aligned}$$

其中，$e^m = E(u_{0j}^m + u_{1j}^m \overline{T}_{ij}^m + \mu_{3j}^m \overline{X}_{ij}^{1m} + \varepsilon_{ij}^m)$，$e^f = E(u_{0j}^f + u_{1j}^f \overline{T}_{ij}^f + \mu_{3j}^f \overline{X}_{ij}^{1f} + \varepsilon_{ij}^f)$，$m$ 和 f 分别代表男性和女性，$\overline{T}$ 表示劳动合同签订率的均值，$\overline{X}^0$ 和 $\overline{X}^1$ 分别代微观层面解释变量的均值，$\overline{S}$ 为宏观层面解释变量均值，$\overline{\lambda}_{ij}^m$ 和 $\overline{\lambda}_{ij}^f$ 分别表示男性和女性逆米尔斯比均值，η_1^m 和 η_1^f 分别为逆米尔斯比均值的回归系数。因此，农民工的性别工资差异分解如下：

$$\begin{aligned}\ln \overline{y}_{ij}^m - \ln \overline{y}_{ij}^f &= (\hat{\gamma}_{00}^m - \hat{\gamma}_{00}^f) + (\hat{\gamma}_{01}^m - \hat{\gamma}_{01}^f)\overline{S}_{1j}^f + \hat{\gamma}_{01}^m(\overline{S}_{1j}^m - \overline{S}_{1j}^f) \\ &+ (\hat{\beta}_2^m - \hat{\beta}_2^f)\overline{X}_{ij}^{0f} + \hat{\beta}_2^m(\overline{X}_{ij}^{0m} - \overline{X}_{ij}^{0f}) \\ &+ (\hat{\gamma}_{10}^m - \hat{\gamma}_{10}^f)\overline{T}_{ij}^f + \hat{\gamma}_{10}^m(\overline{T}_{ij}^m - \overline{T}_{ij}^f) + (\hat{\gamma}_{11}^m - \hat{\gamma}_{11}^f)\overline{T}_{ij}^f \overline{S}_{1j}^f \\ &+ \hat{\gamma}_{11}^m(\overline{S}_{1j}^m \overline{T}_{ij}^m - \overline{S}_{1j}^f \overline{T}_{ij}^f) + (\hat{\gamma}_{30}^m - \hat{\gamma}_{30}^f)\overline{X}_{ij}^{1f} \\ &+ \hat{\gamma}_{30}^m(\overline{X}_{ij}^{1m} - \overline{X}_{ij}^{1f}) + (\eta_1^m \overline{\lambda}_{ij}^m - \eta_1^f \overline{\lambda}_{ij}^f) + (e^m - e^f)\end{aligned}$$

(7.6)

其中，式(7.6)中的 $\hat{\gamma}_{01}^m(\overline{S}_{1j}^m - \overline{S}_{1j}^f)$、$\hat{\beta}_2^m(\overline{X}_{ij}^{0m} - \overline{X}_{ij}^{0f})$、$\hat{\gamma}_{10}^m(\overline{T}_{ij}^m - \overline{T}_{ij}^f)$、$\hat{\gamma}_{11}^m(\overline{S}_{1j}^m \overline{T}_{ij}^m - \overline{S}_{1j}^f \overline{T}_{ij}^f)$ 和 $\hat{\gamma}_{30}^m(\overline{X}_{ij}^{1m} - \overline{X}_{ij}^{1f})$ 均表示男性和女性农民工可解释的特征差异引起的工资性别差异；$(\hat{\gamma}_{00}^m - \hat{\gamma}_{00}^f)$、$(\hat{\gamma}_{01}^m - \hat{\gamma}_{01}^f)\overline{S}_{1j}^f$、$(\hat{\beta}_2^m - \hat{\beta}_2^f)\overline{X}_{ij}^{0f}$、$(\hat{\gamma}_{10}^m - \hat{\gamma}_{10}^f)\overline{T}_{ij}^f$、$(\hat{\gamma}_{11}^m - \hat{\gamma}_{11}^f)\overline{T}_{ij}^f \overline{S}_{1j}^f$ 和 $(\hat{\gamma}_{30}^m - \hat{\gamma}_{30}^f)\overline{X}_{ij}^{1f}$ 均表示不可解释的性别工资歧视导致的农民工工资性别差异，$(\eta_1^m \overline{\lambda}_{ij}^m - \eta_1^f \overline{\lambda}_{ij}^f)$ 表示样本选择偏差导致的工资性别差异，$(e^m - e^f)$ 则表示由不可度量因素导致的农民工的工资性别差异。

第三节 市场化和劳动合同对农民工性别工资差异影响结果分析

一、市场化和劳动合同的工资效应

依据工资方程的多层线性模型设定，工资方程的回归结果如表7-4所示。由回归结果可知,已婚的男性工资显著更高,可能是由于男性承担着家庭更多的经济责任,已婚对女性农民工的工资有抑制作用,可能是因为已婚女性将更多的时间和精力投入家庭中;但是,有学龄前儿童对男性和女性工资均有显著的促进作用,可能是因为有学龄前儿童家庭的经济支出较高,促使父母更加努力工作,以获得较高的工资水平。

表 7-4 工资方程回归结果

解释变量	模型一 男性	模型一 女性	模型二 男性	模型二 女性	模型三 男性	模型三 女性
已婚	0.140 1***	-0.020 5*	0.138 7***	-0.021 6*	0.138 7***	-0.021 1*
学龄前儿童	0.023 9**	0.020 1**	0.024 4**	0.022 9**	0.024 9**	0.022 8**
受教育年限	0.041 6***	0.037 3***	0.039 2***	0.033 8***	0.039 5***	0.034 5***
经验	0.018 7***	0.018 0***	0.018 7***	0.017 7***	0.018 6***	0.017 6***
经验平方/100	-0.054 6***	-0.064 3***	-0.054 1***	-0.062 5***	-0.054 0***	-0.062 3***
培训	0.062 5***	0.022 1	0.052 7***	0.009 2	0.051 7***	0.010 0
土地经营者	0.135 0***	0.169 1*	0.148 9***	0.180 9*	0.143 3***	0.180 2*
党政机关	-0.165 2***	-0.049 2	-0.174 5***	-0.057 6*	-0.181 9***	-0.058 7
国有企业	0.061 7***	0.055 9*	0.047 4**	0.034 8	0.046 1**	0.034 5
集体企业	0.059 5**	0.021 9	0.052 6**	0.009 2	0.052 0**	0.008 6
三资企业	-0.005 4	0.030 0**	-0.017 4	0.010 5	-0.012 3	0.011 6
个体企业	-0.009 8	-0.032 6***	-0.003 2	-0.022 7**	-0.003 3	-0.023 7**
其他企业	0.055 5**	-0.029 3	0.074 6***	-0.003 6	0.073 1***	-0.004 8
管理者	0.187 2**	0.112 8	0.183 0**	0.113 5	0.181 8**	0.113 9
专业技术人员	0.153 0***	0.181 1***	0.151 2***	0.183 9***	0.151 4***	0.184 8***
办事人员	0.115 0**	0.112 3**	0.111 8**	0.122 8**	0.110 6**	0.123 5**
生产人员	-0.051 5	-0.021 7	-0.045 6	-0.010 1	-0.050 3	-0.012 3
服务人员	-0.097 4***	-0.024 9**	-0.089 3***	-0.011 3	-0.085 8***	-0.008 7

续　表

解释变量	模型一 男性	模型一 女性	模型二 男性	模型二 女性	模型三 男性	模型三 女性
其他职业	-0.078 3**	-0.049 4	-0.072 5**	-0.039 9	-0.069 0**	-0.038 6
劳动合同	—	—	0.073 5***	0.111 3***	0.344 5***	0.155 3***
市场化指数	0.032 4*	0.041 0***	—	—	0.047 7***	0.040 7**
交叉项	—	—	—	—	-0.034 9***	-0.005 7
常数项	1.729 7***	1.636 2***	1.945 3***	1.898 0***	1.578 9***	1.584 3***
随机效应：						
受教育年限	0.000 1***	0.000 1***	0.000 1***	0.000 1***	0.000 1***	0.000 1***
培训	0.001 3***	0.004 5***	0.001 5***	0.004 6***	0.002 0***	0.004 5***
模型拟合效果：						
$\sigma_{u_0}^2$	0.007 0***	0.004 9***	0.010 5***	0.007 8***	0.007 5***	0.005 5***
σ^2	0.142 8***	0.119 8***	0.141 7***	0.117 6***	0.141 2***	0.117 7***
ICC	0.046 9	0.039 1	0.068 9	0.062 2	0.050 7	0.041 8
样本量	9 034	7 361	9 034	7 361	9 034	7 361

教育作为农民工进入劳动力市场之前的人力资本投资,可以显著提升农民工的工资水平,受教育年限每提高 1 年,男性农民工的工资上涨 4% 左右、女性农民工的工资上涨 3% 左右,因此政府应大力发展农村的教育事业,提高农民工的受教育水平,尤其是提高接受高等教育的比重,并为已就业的农民工提供更多的职业培训,提高农民工群体的技能水平,将显著提升农民工的工资水平,缩小城乡收入差距。农民工的教育回报率低于城镇工,缘于农民工的受教育水平较差,接受高等教育比例较低,政府部门不仅要提高农村的基础教育水平,更应大力发展高等教育和职业培训。

非农务工经验表示"干中学",是在农民工进入劳动力市场之后通过工作经验积累的人力资本,随着外出务工经验的增加、年龄的增长,劳动生产率先上升后下降。本章中经验回报较低,是因为农民工主要从业于劳动密集型产业,绝大部分的工作是较为简单的重复性劳动,技术含量较低。培训作为人力资本投资的内核,可以显著提升男性农民工的工资水平,培训的工资效应为6%左右,对女性的工资并未产生显著的影响。此数据调查中的培训为政府免费培训,培训的工资回报偏低,说明政府免费培训的作用效果不尽如人意,政府应转变培训的方式,提高培训的效率,比如与企业合作,依据企业的劳动力需求,对农民工进行专业、技能型培训,更大程度地提高农民工的工资水平。

农民工群体所在单位所有制类型主要为私营企业、外资企业和个体企业,相比较私营企业,男性农民工在土地经营者、国有企业、集体企业和其他企业中的工资更高,可能是由于这些企业经营更加稳定,因此工资水平较高,党政机关的工资显著较低;女性农民工土地经营者工资更高,个体企业的工资更低,除此之外均无显著影响,说明单位的所有制类型对女性农民工工资获得基本没有影响。

与工人相比,职业为管理者、专业技术人员、办事人员的男性农民工工资显著更高,说明在技能型职业男性农民工的工资更高,服务人员和其他职业的男性农民工工资更低,虽然同为低技能型职业,但是男性农民工成为工人的工资相比服务人员和其他职业更高。这是因为工人需要更强的体力,因此更加倾向于选择男性农民工。女性农民工从事专业技术人员和办事人员的工资更高,除此以外其他职业间工资无差异。因此,提高农民工的技能水平,使得农民工向高技能型职业流动可以有效提高农民工的工资水平。

控制了以上个体特征的差异之后,市场化指数每提升一个单位,男性农民工的工资水平提升3.24%,女性农民工的工资水平提升4.10%,说明随着市场化进程的推进,农民工的工资水平逐步提高,同时市场化进程对女性农民工工资的促进作用大于男性农民工,因此,市场化进程中工资性别差异在降低。签订劳动合同男性农民工的工资比未签订劳动合同男性农民工的工资高7.35%,签订劳动合同女性农民工的工资比未签订劳动合同女性农民工的工资高11.13%。该结果说明,一方面,劳动合同签订可以显著提升农民工的工资水平;另一方面,劳动合同的工资效应存在性别差异,女性农民工劳动合同的工资效应更大,说明劳动合同签订也可以降低工资性别差异。

二、市场化和劳动合同对性别工资歧视的影响

1978年改革开放以来,中国不断深化市场改革,那么在市场化改革的进程中,农民工的性别工资差异有多大?市场化对性别歧视的影响有多大?基于表7-4中的第一列和第二列的回归结果对农民工工资性别差异进行分解,结果表明:男性与女性农民工之间的小时工资对数差异为0.1933,由个体特征差异导致的性别工资差距为0.0261,占整体性别工资差距的13.50%,个体特征回报差异导致的性别工资差距为0.1672,占整体性别工资差距的86.50%,这部分差距称为性别歧视。因此,性别歧视是导致性别工资差距的主要因素。在性别歧视中,市场化指数将工资性别歧视下降6.94%,即在市场化的进程中,工资性别歧视在逐渐下降,在其他条件不变的前提下,工资性别差异在逐步缩小,符合理论预期。因此,中国应不断深化市场改革,提高经济运行效率,提升工资水平的同时降低歧视,改善收入分配。

劳动合同的工资效应以及劳动合同对性别工资歧视的影响如何?基于表7-4中第三列和第四列的回归结果,对农民工工资性别差异进行分解,如表7-5中的第二列。由分解结果可知,劳动合同签订将农民工的工资性别歧视下降2.71%,有助于工资性别歧视的降低,提高女性农民工的劳动合同签订率,有助于降低劳动力市场的工资性别歧视。因此,《劳动合同法》的颁布实施,不仅有助于促进农民工签订劳动合同,提高其就业稳定性,还有

助于农民工的工资水平的提升,以及缓解劳动力市场对女性劳动力的性别歧视,使得女性劳动力的工资水平更大程度地由劳动生产率决定,提高劳动力市场运行效率。

表7-5 工资性别差异分解[①]

性别工资差异	模型一	模型二	模型三
性别特征差异	0.0261(13.50%)	0.0331(17.15%)	0.0382(19.76%)
个体特征差异	0.0156	0.0151	0.0152
行业特征差异	0.0033	0.0036	0.0034
职业特征差异	0.0157	0.0150	0.0148
劳动合同差异	—	-0.0006	-0.0028
市场化程度差异	-0.0042	—	-0.0062
交叉项差异	—	—	0.0069
特征回报差异	0.1672(86.50%)	0.1601(82.85%)	0.1551(80.24%)
个体特征回报差异	0.1741	0.1855	0.1826
行业特征回报差异	0.0029	0.0031	0.0041
职业特征回报差异	-0.0311	-0.0338	-0.0335
劳动合同回报差异	—	-0.0271	0.1359
市场化程度回报差异	-0.0694	—	0.0561
交叉项回报差异	—	—	-0.1716
误差项差异	-0.0028	0.0149	-0.0131
常数项差异	0.0935	0.0473	-0.0054

---

① 在诸多研究将工资性别差异中不能由劳动者特征解释的部分归结为性别歧视时,一些研究认为这些不可解释部分可能只是因为遗失了生产率等相关变量,并非来自性别歧视,因此也就难以直接测算歧视因素究竟有多大影响(王美艳,2005;Chi and Li,2008;葛玉好和曾湘泉,2011;李实等,2014),即歧视估计存在向上的估计偏误。

三、市场化进程中劳动合同对性别工资歧视的影响

为了了解在市场化进程中,劳动合同对农民工工资及性别歧视的影响,本章在回归方程中引入市场化和劳动合同的交叉项,由表7-4中的第五列和第六列可知,对于男性农民工而言,随着市场化水平的提升,劳动合同对其工资的提升作用在下降,对于女性农民工而言,劳动合同对其工资的提升效果依旧,可以认为在市场化背景下,劳动合同的签订可以进一步降低性别歧视。性别工资差距的分解结果如表7-5中的第三列,在引入市场化指数和市场化指数与劳动合同交叉项之后,性别歧视为0.1551,占总体性别工资差异的80.24%,性别歧视仍然是导致性别工资差距的主要因素,市场化指数与劳动合同交叉项对性别歧视的影响为负,说明随着市场化程度的上升,劳动合同对性别歧视的缓解作用逐渐增强。

第四节 本 章 小 结

《劳动合同法》的实施旨在保障劳动力的合法权益,劳动合同的签订不仅增加了劳动力的工作稳定性,同时具有显著的工资效应。本章利用2013年和2014年国家卫生计划生育委员会全国流动人口动态监测调查数据中的8城市融合数据,研究市场化、劳动合同对农民工性别工资不平等的影响,尤其关注市场化进程中劳动合同签订对农民工性别歧视的影响。本章的主要结论和建议如下:

第一,教育和培训能够显著提升农民工的工资,而农民工的受教育水平较差和接受培训的比例较低,农民工主要从事技术含量要求不高的劳动密集型工作,导致农民工的工资水平较低,职业发展前景有限。因此,首先,政

府有关部门应不断提升农村的基础教育水平,促使更多的农民工进一步接受高等教育,提高农民工的人力资本存量。其次,有关部门应该大力开展农民工的职业教育,使其向技能型职业流动,降低对农民工的职业歧视。最后,有关部门应该有效开展农民工的培训事业,转换培训方式,提高政府培训的效率,例如政府部门可以与企业展开合作,依据企业的用工需求提供相适应的技能培训,增加农民工的就业机会并提升工资水平,缩小城乡收入差距,加快我国的城镇化进程。

第二,农民工短工化将带来一系列的社会和经济问题。一方面,企业没有动力对短期工作农民工提供企业培训,不利于农民工人力资本存量的积累和专业技能的获得,进而影响其获得晋升的机会,长期影响农民工的工资水平,反过来影响农民工劳动合同签订率,导致恶性循环,最终会降低企业的运行效率,不利于企业竞争力的提高,更不利于农民工群体工作的改善。从宏观层面看,不稳定就业不利于产业结构升级,更加不利于缩小收入差距和改善收入分配。进一步研究表明,劳动合同对女性农民工的工资溢价大于男性农民工,根据工资差异分解结果可知,劳动合同的签订有助于降低工资性别歧视,提高劳动力市场的运行效率。因此,有关部门应严格监督企业与农民工签订书面正式劳动合同,保障农民工群体的合法权益,改善我国农民工"短工化"的局面,提高农民工的工资,并缓解工资性别歧视,改善收入分配,重塑和谐稳定的劳动关系。

第三,随着市场化水平的提高,农民工的工资水平不断上升,并且劳动力市场中劳动力的配置效率不断提高,企业为保持持续的市场竞争力,歧视将逐渐下降,女性劳动力的工资水平更大程度取决于劳动生产率。随着市场化改革的深化,性别歧视将逐渐降低。由此可见,中国应不断深化市场改革,使得资源配置机制由再分配机制向市场机制转变,提高经济运行效率,促进经济快速发展。

第四,随着市场化进程的深化,男性农民工劳动合同的工资溢价逐渐下降,市场化指数每提高一个单位,劳动合同的工资效应下降3.49个百分点,而女性农民工的工资溢价并未发生显著改变。作为市场机制的补充,劳动力市场政策是一种非正式的机制。因此,随着社会主义市场机制的不断完善,市场机制将逐渐占据主导的地位,劳动合同的工资效应越来越小。劳动合同签订可以进一步缓解性别歧视,在市场化进程中,劳动合同的工资调节作用有助于促进社会公平。

第八章　劳动合同对不同受教育水平农民工劳动报酬的影响

教育作为人力资本的重要部分,对农民工劳动合同签订将产生怎样的影响? 教育对劳动合同溢价又将产生怎样的影响,趋势如何? 对于这些问题的解答,有助于我们更加清晰具体地了解劳动力市场的运行机制,全面认识劳动合同签订对农民工产生的影响,有效解决农民工工作稳定性差和收入水平低等诸多问题。

Spence(1973)指出,教育是生产率的信号,能够将生产率高的劳动者和生产率低的劳动者识别开来。简而言之,受教育水平越高,说明劳动者的生产率越高。从用工单位的角度而言,其更倾向与生产率高的劳动者签订劳动合同。由此可以推断教育将有助于农民工劳动合同的签订。依据人力资本理论,教育作为人力资本的重要组成部分,决定着劳动者的收入水平,受教育程度越高的劳动者工资水平越高。在存在解雇成本的情况下,尤其是依据《劳动合同法》解雇成本依据月工资决定的情况下,①受教育程度越高的劳动者解雇成本越高,因此劳动合同溢价越高。

依据亚当·斯密在《国富论》中提出补偿性工资差异理论,工作稳定性

---

① 《劳动合同法》第 47 条,经济补偿的计算:经济补偿按劳动者在本单位工作的年限,每满 1 年支付 1 个月工资的标准向劳动者支付。6 个月以上不满 1 年的,按 1 年计算,不满 6 个月的,向劳动者支付半个月工资的经济补偿。《劳动合同法》第 87 条,违法解除或者终止劳动合同的法律责任:用人单位违反本法规定解除或者终止劳动合同的,应当按照本法第 47 条规定的经济补偿标准的两倍向劳动者支付赔偿金。

作为工作的非货币特征,会影响劳动者的效用水平,固定期限劳动合同的工作稳定性差,被解雇风险较高,因此,在完全竞争的劳动力市场中,用工单位只有支付固定期限劳动合同工人更高的工资才能吸引工人选择固定期限劳动合同。因此,补偿性工资差异理论认为固定期限劳动合同工人的工资应高于无固定期限劳动合同工人的工资。但是,现实的劳动力市场通常并不满足完全竞争的条件。Hashimoto(1981)提出专用人力资本理论来论述两者工资之间的关系,认为签订无固定期限劳动合同的工人,无论从企业角度还是工人自身,都更加倾向于进行专用人力资本投资,因此无固定期限工人的工资高于固定期限劳动合同的工人;在 Shapiro 和 Stiglitz(1984)效率工资模型的基础上,Rebitzer 和 Taylor(1991)应用二元劳动力市场模型分析在信息不对称情况下,不同期限类型劳动合同工人工资之间的差异,得出相同的结论;Bertola(1990)应用内部人—外部人理论对解雇成本的影响进行分析,认为在存在解雇成本的条件下,无固定期限工人的工资高于固定期限工人的工资;Loh(1994)、Heather 等(1996)、Wang 和 Weiss(1998)提出试用期模型,认为固定期限劳动合同具有延长试用期的作用,企业采用较低工资的固定期限劳动合同对劳动者的能力进行筛选,固定期限劳动合同工人的低工资通过未来无固定期限工作的高工资进行补偿。理论上对不同市场环境下劳动合同对工人工资的影响得到了相应的结论,但是对于不同细分的劳动力而言,劳动合同对工人工资影响的差异并未给出理论解释。

研究劳动合同对收入影响的主要方法包括:(1) 最小二乘回归(OLS)方法,具体为将劳动合同签订与否作为二元解释变量直接加入收入方程中,通过观察该解释变量的回归系数大小及显著性确定劳动合同签订对劳动者收入的作用效果(张晓蓓和亓朋,2010;林伟等,2015;Jimeno 和 Toharia,1993;Schömann 和 Hilbert,1998;Hagen,2002 等),该方法简单易行,可以直观地观测到劳动合同签订对劳动者收入水平的影响,但是由于劳动合同选择为自选择问题,该变量并不是外生的,将劳动合同变量直接加入收入方程会带来内生性的问题,使得最小二乘估计是有偏的。(2)工资差异分解方法,将全样本分为签订劳动合同和未签订劳动合同两个子样本,对于两个子样本的收入方程分别进行回归,然后应用相应的工资差异分解方法,分解出劳动合同签订对劳动者收入的影响(孙睿君和李子奈,2010;Delgado 和 Toharia,1993;Jimeno 和 Toharia,1993,1996;Bentolila 和 Dolado,1994;De la Rica 和 Felgueroso,1999;Brown 和 Sessions,2003;Davia 和 Hernanz,2004 等),该方法仅仅解决了不同群体特征回报不同的问题,但是并不能解决内生性的问题,因此导致估计结果同样存在偏差。(3)内生转换回归模型,其虽能解决内生性问题,但该模型依然依赖于模型形式的设定以及误差项分布形式的设定,如果设定错误,那么模型的估计结果便是不准确的(才国伟和刘冬妍,2014)。(4)倾向得分匹配(PSM)方法,将样本分成签订劳动合同和未签订劳动合同的子样本,签订劳动合同农民工为实验组,未签订劳动合同农民工为对照组,通过在实验组和对照组中寻找相似个体进行处理效应的计算,该方法可以解决变量内生性的问题且具有准自然实验的性质,并且不需要对模型的形式和误差项的分布形式进行设定,因此应用较为广泛(Mertens et al.,2007;陈祎和刘阳阳,2010 等)。

综上,本章在分析劳动合同的收入效应的基础上,分析劳动合同对不同教育群体劳动力工资效应问题,依据 2013 年和 2014 年国家卫生计划生育委员会的全国流动人口动态监测调查数据中的 8 城市融合数据,应用倾向得分匹配分析方法,对不同期限劳动合同签订对农民工工资的影响以及不同受教育群体的影响进行实证分析,丰富和发展劳动合同与农民工工资的相关研究。

第一节　处理效应模型

在以往研究中,应用普通最小二乘回归(OLS)方法分析劳动合同对收入影响的计量经济学方程为：

$$y_i = \alpha + \beta_1 * contract_i + \gamma X_i + \mu_i, \ E(\mu) = 0 \tag{8.1}$$

y_i 表示农民工的小时劳动报酬对数，$contract_i$ 表示劳动合同类型，X 则是影响农民工劳动报酬的个体特征以及企业特征等因素，μ 为随机扰动项。

应用式(8.1)进行估计的前提是所有农民工的特征回报是相同的，由于劳动合同选择的自选择性使得该估计存在选择偏误问题，省略下标可将方程(8.1)改写为：

$$y_i = \begin{cases} \alpha + \gamma_0 X + \mu_0 \\ \alpha + \beta + \gamma_1 X + \mu_1 \end{cases} \tag{8.2}$$

观测到的农民工的劳动报酬可以表示为：

$$\begin{aligned} y &= contract * y_1 + (1 - contract) * y_0 \\ &= [\beta + (\mu_1 - \mu_0) + (\gamma_1 - \gamma_0)X] * contract \\ &\quad + \alpha + \gamma_0 X + \mu_0 \end{aligned}$$

在考虑了可观测变量之后，签订劳动合同农民工和未签订劳动合同农民工是同质的，这便成为基于可观测变量的自选择问题，意味着 $\mu_1 = \mu_0 = \mu$，因而有：

$$\begin{aligned} y &= [\beta + (\gamma_1 - \gamma_0)X]contract + \alpha + \gamma_0 X + \mu \\ &= \beta * contract + \alpha + \gamma_0 X + \mu \end{aligned} \tag{8.3}$$

在式(8.3)中，$\beta^* = \beta + (\gamma_1 - \gamma_0)X \neq \beta$，可知即使劳动合同选择与误差项不相关，普通最小二乘回归也是有偏的。此外，普通最小二乘回归方法还存在回归方程误设的问题。因为普通最小二乘估计假定回归方程是线性的，因此估计结果依赖于解释变量的选取以及线性假设，然而，这些假设均可能导致估计结果是有偏的。

基于以上问题,本章选择匹配的方法对不同期限类型劳动合同的处理效应问题进行分析。所谓匹配,就是找到不同劳动合同类型选择中个体特征以及工作岗位特征相同的个体,分析不同劳动合同类型对农民工劳动报酬的影响。由于经过相适应的匹配方法处理后,处理组(treatment)与控制组(control)的个体特征与工作岗位特征是一致的,缓解了由自选择导致的估计偏误问题。根据以往的研究,农民工的劳动报酬水平与农民工自身的受教育水平、经验、婚姻状况以及就业单位类型、职业等有关。Rosenbaum 和 Rubin(1983)以及 Heckmen et al.(1997,1998)提出,在匹配时可以不直接按照个体特征匹配,而是首先估计农民工进入处理组的概率,即 $\Pr(T_i=1 \mid X)$,然后根据其概率值进行匹配处理,这种方法因此被称为倾向得分匹配方法(Propensity Score Matching,PSM)。

本章中应用 PSM 方法估计的步骤可总结为:

首先,估计每个农民工签订不同期限类型劳动合同的倾向得分。依据农民工劳动合同签订状况,按照劳动合同签订期限将农民工分为 3 个子样本,分别为无固定期限、固定期限和无劳动合同的农民工。因此,农民工签订不同期限类型劳动合同的概率可表示为:

$$\Pr(T_i=1 \mid X_i=X)=e(X)=\frac{\exp(X'_i\beta)}{1+\exp(X'_i\beta)} \tag{8.4}$$

其中,T_i 表示农民工是否签订劳动合同的二元变量,X 表示影响农民工劳动合同选择的个体特征和工作岗位特征等因素,$e(X)$ 表示农民工签订无固定期限(或者固定期限)劳动合同的概率,β 为有待估计的系数向量。

其次,依据倾向得分的共同支撑假定对处理组和控制组中的农民工进行匹配①。

---

① 匹配时可应用的方法有很多,Abadie 等(2004)建议进行一对四匹配,在一般情况下可最小化均方误差。本章在比较匹配效果后,选用的匹配方法为核匹配。

最后,分别对无固定期限和固定期限劳动合同签订计算 3 种平均处理效应。ATT 表示签订签订劳动合同农民工劳动报酬与他们未签订劳动合同时的劳动报酬的差值,公式表示为:

$$\begin{aligned}ATT &= E(y_1 - y_0 \mid contract = 1) \\ &= E(y_1 \mid contract = 1) - (y_0 \mid contract = 1)\end{aligned} \quad (8.5)$$

平均处理效应为签订劳动合同和未签订劳动合同农民工劳动报酬的差值,表示为:

$$ATE = E(y_1 \mid contract = 1) - (y_0 \mid contract = 0) \quad (8.6)$$

控制组的处理效应为未签订劳动合同农民工的劳动报酬与他们签订劳动合同时劳动报酬的差值,公式表示为:

$$\begin{aligned}ATU &= E(y_1 - y_0 \mid contract = 0) \\ &= E(y_1 \mid contract = 0) - (y_0 \mid contract = 0)\end{aligned} \quad (8.7)$$

标准的倾向得分匹配(PSM)方法还应该包括一个稳健性分析过程,因为匹配方法都是依据可观测变量进行估计的,而无法观测的异质性会影响估计结果,使得估计结果并不是稳健的。为了保证估计结果的稳健性,常用的方法便是进行敏感性分析。其中,Rosenbaum(2002b,2005)对敏感性分析做过简洁且有条理的介绍;Berk(2004)概括认为 Rosenbaum 的方法是简单的:使用估计的某一特定干预的发生比(odds)来考察干预效应可能发生多大的变动,以确定处理效应在选择偏差的合理范围内是稳健的。假设劳动合同签订定义为 $P_i(x_i, \mu_i) = P(D_i = 1 \mid x_i, \mu_i) = F(\beta x_i + \gamma \mu_i)$。此处 x_i 表示可观测解释变量,μ_i 表示不可观测解释变量,γ 则表示不可观测解释变量导致的异质性的影响。如果不存在不可观测异质性或者不可观测异质性没有影响,那么应该有 $\gamma \mu_i = 0$。农民工签订劳动合同的概率可以表示为 $P_i/(1 - P_i)$。如果 F 服从 Logistic 分布,对于匹配的两个农民工个体

$(x_i = x_j)$ 而言,是否签订劳动合同的概率比可以表示为:

$$\frac{P_i/(1-P_i)}{P_j/(1-P_j)} = \frac{P_i(1-P_j)}{P_j(1-P_i)} = \frac{\exp(\beta x_i + \gamma \mu_i)}{\exp(\beta x_j + \gamma \mu_j)} \quad (8.8)$$
$$= \exp[\gamma(\mu_i - \mu_j)] = (e^\gamma)^{\mu_i - \mu_j}$$

由式(8.8)可知,当匹配后不存在不可观测异质性的情况下,$\mu_i = \mu_j$,那么匹配的农民工个体签订劳动合同概率比为 1,即 $e^\gamma = 1$。Rosenbaum(2002)证明,方程(8.8)给出的农民工签订劳动合同概率比的边界是 $[e^{-\gamma}, e^\gamma]$,e^γ 是衡量基于可观测异质性匹配农民工签订劳动合同偏离基本情况的程度。对于 $e^\gamma \geqslant 1$ 并且 $\mu \in \{0,1\}$,则可以获得平均处理效应的边界估计。赋予 e^γ 不同值,可知不同程度不可观测异质性导致的匹配农民工个体签订不同期限类型劳动合同概率比值的偏离程度,并计算获得平均处理效应的上下限。随着 e^γ 值的增加,上下限会不断扩展。通过分析不同水平下 Rosenbaum 边界的显著性以及置信区间,判断无法观测异质性的影响估计结果的临界水平。

第二节 劳动合同与不同受教育程度农民工劳动报酬的统计描述

一、数据说明

本章使用的数据为 2013 年和 2014 年国家卫生计划生育委员会开展的全国流动人口动态监测调查数据中的 8 城市融合数据。该数据调查自 2009 年开始,每年进行一次。2013 年调查的城市为长沙市、泉州市、上海市、苏州市、无锡市、武汉市、咸阳市、西安市,抽取样本数为 16 878 个,2014

年调查的城市包括成都市、嘉兴市、青岛市、深圳市、北京市、厦门市、郑州市和中山市,抽取样本数为 15 999 个。该数据的调查对象为"在流入地居住一个以上,非本区(县、市)户口的 15~59 周岁流动人口"。该数据为本章的研究奠定了良好的数据基础,第一,该数据采用分层、多阶段、与规模成比例的 PPS 抽样方法保证了数据的可靠性。第二,该数据调查内容涉及流动人口的人口统计学信息(性别、年龄、婚姻状况等)、人力资本信息(受教育程度、经验和接受培训状况)以及就业信息(劳动合同签订状况、职业、所在企业所有制类型等),为劳动经济学相关领域的研究提供了丰富翔实的数据基础。第三,该数据涵盖了东部地区、中部地区和西部地区,具有普遍代表性。本章首先保留农业户籍样本,将研究对象限定为农民工群体;其次,保留就业并且获得工资收入的劳动年龄人口;再次,剔除劳动合同项为空值的个体和劳动合同状况为"不清楚"和"其他"的个体,同时剔除就业身份为雇主的个体。为了剔除工资异常值的影响,本章将剔除工资分布上下 0.5% 的样本,最终获得样本 16 335 个。

二、数据统计描述

农民工劳动合同签订状况包括"无固定期限""固定期限""完成一次工作任务或试用期"和"未签订劳动合同"。本章将"完成一次工作任务或试用期"和"未签订劳动合同"归为"无劳动合同"。2013 年调查农民工群体的受教育程度为"从未上过学""小学""初中""高中""中专""大学专科""大学本科"和"研究生"。2014 年调查数据中没有设置"中专"的选项,为了保持数据的一致性,该部分将农民工群体的受教育程度初步划分为"小学及以下""初中""高中和中专""大学专科"和"大学本科及以上"。按照合同类型和受教育程度的不同,本章统计农民工工资和工作时间的均值情况如表 8-1 所示。

表 8-1 农民工工资与工作时间均值

合同类型	受教育程度	月工资（元）	周工作时间（小时）	小时工资（元）	样本量
无固定期限劳动合同	小学及以下	2 708.63	58.48	11.26	208
	初中	3 009.64	57.28	12.91	1 241
	高中和中专	3 109.22	53.07	14.33	647
	大学专科	3 411.24	50.18	16.89	196
	大学本科及以上	3 789.63	45.36	20.16	33
固定期限劳动合同	小学及以下	2 798.08	59.73	11.43	841
	初中	3 053.22	56.35	13.19	4 760
	高中和中专	3 183.84	51.96	15.05	2 590
	大学专科	3 536.71	47.43	18.08	909
	大学本科及以上	4 022.23	45.37	21.27	278
无劳动合同	小学及以下	2 786.38	61.38	11.00	698
	初中	2 921.89	59.94	11.92	2 745
	高中和中专	2 805.37	56.50	12.22	1 014
	大学专科	2 790.83	53.22	12.77	200
	大学本科及以上	3 139.31	49.89	14.86	35

从受教育程度的角度看,有10.66%的农民工接受小学及以下的教育,未完成九年义务教育,接受大学专科及以上的农民工仅有10.07%,说明农民工整体的受教育水平仍然较低。总体来看,农民工群体的劳动合同签订率为71.38%,虽然劳动合同签订率明显提高,但是无固定期限劳动合同签订率仅有14.18%,57.20%的农民工签订的劳动合同为固定期限劳动合同。按受教育程度进行细分,受教育程度为小学及以下的农民工中,无固定期限劳动合同签订率为11.91%,固定期限劳动合同签订率为48.14%;受教育程度为初中的农民工中,无固定期限劳动合同签订率为14.19%,固定期限劳动合同签订率为54.42%;受教育程度为高中和中专农民工中,无固定期限

劳动合同签订率为15.22%,固定期限劳动合同签订率为60.93%;受教育程度为高中和中专的农民工中,无固定期限劳动合同签订率为15.02%,固定期限劳动合同签订率为69.66%;受教育程度为大学本科及以上的农民工中,无固定期限劳动合同签订率为9.54%,固定期限劳动合同签订率为80.35%。随着受教育程度的上升,劳动合同签订率逐渐提高。

受教育程度为小学及以下的农民工中,与无劳动合同农民工相比,签订无固定期限劳动合同的月工资低2.79%,签订固定期限劳动合同农民工的月工资高0.42%;受教育程度为初中的农民工中,无固定期限劳动合同农民工的月工资高3%,固定期限劳动合同农民工的月工资高4.49%;受教育程度为高中和中专的农民工中,无固定期限劳动合同农民工的月工资高10.83%,固定期限劳动合同农民工的月工资高13.49%;受教育程度为大学专科的农民工中,无固定期限劳动合同农民工的月工资高22.23%,固定期限劳动合同农民工的月工资高26.73%;大学本科及以上的农民工中,无固定期限劳动合同农民工的月工资高20.72%,固定期限劳动合同农民工的月工资高28.12%。可以看出,随着受教育水平的提升,签订不同期限类型劳动合同农民工之间的工资差异基本呈现逐步扩大的趋势。在整体农民工中,随着受教育程度的上升,周工作时间逐渐下降。因此,为了剔除工作时间的影响,本章对农民工的小时工资进行计算。由此可知,各受教育水平上不同期限类型劳动合同农民工之间的小时工资差异更大。

《劳动合同法》要求用工单位需要为职工缴纳"五险一金",因此本章对农民工的"五险一金"享有情况进行统计。依据表8-2,可以看出农民工整体的社会保障享有情况非常差,即使在签订劳动合同农民工群体中,社会保障的享有率也很低。随着受教育程度的提升,社会保障享有率均逐渐得到改善,可能缘于高受教育程度农民工的社会保障意识比较好,能够更大程度地保障自身的合法权益。

表 8-2　农民工五险一金情况统计　　　　　　　　　　单位：%

合同类型	受教育程度	养老保险	医疗保险	工伤保险	失业保险	生育保险	住房公积金
无固定期限劳动合同	小学及以下	18.75	19.23	30.77	14.90	11.06	4.81
	初中	18.21	19.74	26.43	13.86	9.27	4.75
	高中和中专	25.04	23.18	30.91	22.26	10.97	14.06
	大学专科	35.20	34.69	36.73	30.10	16.33	23.98
	大学本科及以上	36.36	39.39	48.48	42.42	24.24	21.21
固定期限劳动合同	小学及以下	39.24	41.85	45.90	31.99	20.21	4.88
	初中	47.54	48.97	51.55	37.29	24.26	11.66
	高中和中专	57.03	57.88	61.04	51.66	30.08	23.20
	大学专科	66.23	65.90	67.55	62.05	44.22	35.20
	大学本科及以上	76.62	75.90	77.34	78.06	50.36	54.32
无劳动合同	小学及以下	3.15	3.58	11.17	1.86	0.72	0.29
	初中	4.52	5.36	8.96	2.51	2.04	0.44
	高中和中专	5.82	5.13	7.69	3.35	3.16	1.08
	大学专科	8.00	7.50	11.00	5.00	4.50	2.00
	大学本科及以上	20.00	14.29	14.29	20.00	14.29	5.71

依据社会保障享有情况和各城市"五险一金"缴纳比例，本章对农民工群体的劳动报酬进行计算，表 8-3 给出了不同劳动合同类型不同受教育程度农民工的劳动报酬均值情况。① 小学及以下群体中，与未签订劳动而合同农民工相比，无固定期限劳动而合同农民工的小时劳动报酬高 10.29%，固定期限劳动合同农民工的小时劳动报酬高 22.54%；初中群体中，比例分别为 16.82% 和 35.44%，高中和中专群体中，比例分别为

---

① 由于各城市的上一年平均工资水平不同，最低缴纳基数不同，而且不同企业制定的标准不同，因此无法获得每一个样本的准确缴纳基数，因此本文将农民工实际工资值作为"五险一金"的缴纳基数。该种处理方式可能导致劳动报酬水平的高估，进而高估合同溢价水平。

34.84%和59.46%；大学专科群体中，比例分别为63.31%和90.38%；大学本科及以上群体中，该比例分别为57.13%和94.70%。与前文一致，随着受教育水平的提升，劳动合同溢价在逐渐上升。对于受教育程度为小学及以下的个体，劳动合同溢价仅表现在社会保障享有上，而对于较高受教育程度的农民工而言，劳动合同溢价并不仅仅表现在社会保障享有上，还表现在工资水平上。

表8-3 不同受教育程度农民工劳动报酬均值　　　　单位：元

受教育程度	无固定期限劳动合同 月报酬	无固定期限劳动合同 小时报酬	固定期限劳动合同 月报酬	固定期限劳动合同 小时报酬	无劳动合同 月报酬	无劳动合同 小时报酬
小学及以下	2 970.68	12.33	3 327.53	13.70	2 828.88	11.18
初中	3 307.27	14.24	3 798.86	16.51	2 984.69	12.19
高中和中专	3 665.04	17.03	4 229.14	20.14	2 893.52	12.63
大学专科	4 361.90	21.90	4 962.72	25.53	2 908.23	13.41
大学本科及以上	4 869.27	25.80	6 017.91	31.97	3 453.24	16.42

第三节　劳动合同对不同受教育农民工劳动报酬影响的估计结果

一、劳动合同签订影响因素分析

依据劳动合同选择方程，本章对农民工劳动合同选择影响因素进行分析，表8-4给出了不同期限类型劳动合同签订影响因素的回归结果。通过结果可知，女性农民工签订固定期限劳动合同的概率更高，而在无固定期限劳动合同的签订中,男性和女性农民工之间无显著差异;已婚的农民工签订劳动合同的概率更高,尤其是无固定期限劳动合同的概率更高,说明已婚农民工更加追求长期稳定的雇佣关系,更加注重收入的稳定性;有学龄前儿童的农民工签订无固定期限劳动合同的概率更低,因为有学龄前儿童的农民工需要将更多的时间精力投入家庭中,因而用工单位预期其工作的努力程度较低,导致与其签订无固定期限劳动合同的倾向较低。

表 8-4 劳动合同选择方程回归结果

个体特征	无固定期限合同	固定期限合同	个体特征	无固定期限合同	固定期限合同
男性	-0.0286	-0.1058***	个体企业	-0.1145**	-0.3426***
婚姻状况	0.3105***	0.1032**	其他企业	-0.3122***	-1.3859***
学龄前儿童	-0.1192*	-0.0816	管理者	2.0618***	0.1421
初中	0.5020***	0.4835***	专业技术人员	0.2062*	0.1489
高中和中专	0.8773***	1.0579***	办事人员	-0.1180	-0.1095
大学专科	1.3023***	1.6564***	商业服务人员	-0.1768***	-0.8980***
大学本科及以上	1.0756***	1.9065***	生产者	0.0817	-0.7016*
培训	0.1902***	0.7285***	其他职业	0.2744	-0.6583***
土地经营者	-0.1845	-0.7835***	东部地区	-0.2557***	0.6553***
机关事业单位	0.2647	0.9858***	中部地区	-0.3617***	-0.2316***
国有企业	1.2358***	2.0036***	常数项	-1.2526***	-0.3000***
集体企业	0.5426***	0.8064***	R^2	0.0563	0.1782
外资企业	1.4907***	1.9693***	样本量	7017	14070

注:*、**、***分别表示在10%、5%和1%的显著水平上显著。下同。

与受教育程度为小学及以下的农民工相比,受教育程度越高签订劳动合同的概率越高,但是签订固定期限劳动合同的概率高于无固定期限劳动合同,这与本章选择的研究对象为农民工有关;培训有助于提高农民工签订劳动合同的概率,但是与无固定期限劳动合同相比,培训对固定期限劳动合同签订的促进作用更大;与私营企业相比,机关事业单位、国有企业、集体企业、外资企业劳动合同签订率更高,而土地经营者、个体企业和其他企业签订劳动合同概率更低,这与企业规范程度有关,国有部门和外资企业经营更加稳定,更加遵守劳动法律法规;与工人相比,职业为管理者和专业技术人员的农民工签订无固定期限劳动合同的概率更高,说明这两类职业通常为高技能职业,在企业的经营中极为重要,企业需要劳动合同保障其稳定工作,而商业服务人员和生产者以及其他职业人员签订劳动合同的概率较低,这些职业具有很强的流动性和可替代性,并且人力资本水平较低,所以签订劳动合同的概率较低;与西部地区相比,东部地区签订无固定期限劳动合同的概率更低,签订固定期限劳动合同的概率更高,而中部地区签订无固定期限和固定期限劳动合同的概率均较低,这体现出区域发展的不均衡性。

二、不同类型劳动合同的处理效应分析

依据前文劳动合同签订影响因素的 Logit 回归结果,应用预测值作为倾向得分值,使用核匹配的方法对实验组和控制组样本进行匹配,得到劳动合同签订的处理效应结果。由分析结果(见表 8-5)可知,劳动合同签订对农民工的工资和劳动报酬均具有显著的正向影响。我们看到,无固定期限劳动合同的签订使得签订劳动合同农民工的工资提升 10.20%,劳动报酬提升 17.06%(ATT);固定期限劳动合同的签订使得农民工的工资提升 14.23%,劳动报酬提升 32.12%(ATT);而对于未签订无固定期限劳动合同的农民工而言,无固定期限劳动合同签订使得其工资提升 7.26%,劳动报酬提升 11.77%;对于未签订固定期限劳动合同的农民工而言,固定期限劳动

合同签订使得其工资提升 10.68%,劳动报酬提升 23.18%;总体上,无固定期限劳动合同签订使得农民工的工资提升 8.23%,固定期限劳动合同签订使得农民工的工资水平提升 13.04%,而劳动报酬的提升效果更为明显,分别为 13.52% 和 29.12%。

表 8-5 劳动合同对农民工收入的影响

合同类型	收 入	ATT	ATU	ATE
无固定期限劳动同	劳动报酬	0.1706***	0.1177***	0.1352***
	工 资	0.1020***	0.0726***	0.0823***
固定期限劳动合同	劳动报酬	0.3212***	0.2318***	0.2912***
	工 资	0.1423***	0.1068***	0.1304***

注:核匹配的带宽为 0.08。

按照样本分布情况,将受教育程度分为三类:初等教育(受教育程度为初中及以下)、中等教育(包括高中和中专)、高等教育(大专及以上)。

由不同受教育程度农民工不同期限类型劳动合同处理效应的结果(见表 8-6)可知,随着受教育程度的提高,劳动合同溢价也逐渐上升。整体来看,无固定期限劳动合同签订使得初等教育农民工的工资提升 7.31%、劳动报酬提升 11.94%,中等教育农民工工资提升 9.60%、劳动报酬提升 15.51%,高等教育农民工工资提升 13.81%、劳动报酬提升 22.50%;固定期限劳动合同签订使得初等教育农民工工资提升 10.23%、劳动报酬提升 24.74%,中等教育农民工工资提升 15.36%、劳动报酬提升 32.56%,高等教育农民工工资提升 17.14%、劳动报酬提升 38.70%,固定期限劳动合同对农民工工资和劳动报酬的促进作用更大。提高农民工的受教育程度,不仅可以通过人力资本水平的提升直接提高农民工的工资水平和劳动报酬水平,还可以提升劳动合同签订率,提高劳动合同的溢价,提升农民工的劳动报酬水平,缩小城乡收入差距,共享经济发展成果。

表 8-6 不同受教育程度农民工劳动合同处理效应

合同类型	收 入	处理效应	初等教育	中等教育	高等教育
无固定期限劳动合同	劳动报酬	ATT	0.129 4***	0.195 8***	0.255 7***
	工 资		0.073 0***	0.115 9***	0.150 6***
固定期限劳动合同	劳动报酬		0.269 9***	0.337 0***	0.394 4***
	工 资		0.108 3***	0.150 6***	0.173 1***
无固定期限劳动合同	劳动报酬	ATU	0.115 1***	0.129 0***	0.196 1***
	工 资		0.073 1***	0.083 3***	0.126 3***
固定期限劳动合同	劳动报酬		0.210 8***	0.296 2***	0.350 3***
	工 资		0.092 6***	0.161 2***	0.163 1***
无固定期限劳动合同	劳动报酬	ATE	0.119 4***	0.155 1***	0.225 0***
	工 资		0.073 1***	0.096 0***	0.138 1***
固定期限劳动合同	劳动报酬		0.247 4***	0.325 6***	0.387 0***
	工 资		0.102 3***	0.153 6***	0.171 4***

三、实验组和对照组的平衡性检验

应用倾向得分匹配法需要关注的一个重要问题是实验组和对照组之间的平衡性问题,即经过匹配处理后,实验组和对照组除了劳动报酬存在差异以外,特征方面应不存在显著性差异。

倾向得分匹配后的实验组和对照组的平衡性检验结果如表 8-7 和表 8-8 所示。表 8-7 为无固定期限劳动合同组和未签订劳动合同组的平衡性检验结果。根据结果可知,在匹配之后,有 70% 以上变量的偏误比例降至 2% 以下。在匹配前,实验组和对照组农民工在已婚、受教育程度、培训、所在企业所有制类型、职业以及所属地区方面处理组和实验组存在显著的差异;匹配后,偏误降低比例绝大多数都超过 25%,最高值达到了 99.3%。

以上结果可以说明倾向得分匹配方法确实能够明确降低实验组和对照组间的差异,使得两组具有可比性,即本章将选择倾向得分匹配方法来降低可观测特征异质性导致的估计偏误是可行的。

表8-7 无固定期限劳动合同组和未签订劳动合同组平衡性检验

变量	匹配类型	实验组	对照组	偏误比例(%)	偏误降低比例(%)	两组差异t值
倾向分	匹配前	0.380 9	0.306 8	55.8		23.81***
	匹配后	0.380 0	0.376 7	2.4	95.7	0.70
男性	匹配前	0.559 1	0.558 0	0.2		0.09
	匹配后	0.558 8	0.560 1	-0.3	-12.4	-0.09
已婚	匹配前	0.677 9	0.651 3	5.6		2.21**
	匹配后	0.677 7	0.668 1	2.0	63.9	0.70
学龄前儿童	匹配前	0.286 5	0.280 5	1.3		0.52
	匹配后	0.286 5	0.278 9	1.7	-28.1	0.58
初中	匹配前	0.533 8	0.585 0	-10.3		-4.09***
	匹配后	0.534 7	0.543 2	-1.7	83.5	-0.58
高中和中专	匹配前	0.278 3	0.216 1	14.4		5.78***
	匹配后	0.277 5	0.262 8	3.4	76.3	1.13
大学专科	匹配前	0.084 3	0.042 6	17.2		7.15***
	匹配后	0.084 0	0.086 3	-0.9	94.5	-0.28
大学本科及以上	匹配前	0.014 2	0.007 5	6.5		2.71***
	匹配后	0.014 2	0.012 6	1.6	76.0	0.48
培训	匹配前	0.209 5	0.167 3	10.8		4.32***
	匹配后	0.209 4	0.197 0	3.2	70.6	1.05
土地经营者	匹配前	0.005 6	0.007 0	-1.8		-0.70
	匹配后	0.005 6	0.005 6	0.0	98.9	-0.01

续　表

变　量	匹配类型	实验组	对照组	偏误比例(%)	偏误降低比例(%)	两组差异 t 值
党政机关	匹配前	0.0146	0.0087	5.5		2.26**
	匹配后	0.0142	0.0120	2.1	62.5	0.66
国有企业	匹配前	0.0211	0.0055	13.6		5.97***
	匹配后	0.0207	0.0244	-3.3	76.0	-0.85
集体企业	匹配前	0.0353	0.0192	9.9		4.11***
	匹配后	0.0353	0.0363	-0.6	94.0	-0.18
外资企业	匹配前	0.1191	0.0269	36.0		15.92***
	匹配后	0.1185	0.1171	0.5	98.5	0.15
个体企业	匹配前	0.4297	0.5284	-19.8		-7.81***
	匹配后	0.4304	0.4315	-0.2	98.9	-0.07
其他企业	匹配前	0.0271	0.0401	-7.2		-2.76***
	匹配后	0.0271	0.0272	-0.0	99.3	-0.02
管理者	匹配前	0.0073	0.0006	10.6		4.94***
	匹配后	0.0056	0.0036	3.1	70.5	0.99
专业技术人员	匹配前	0.0718	0.0424	12.7		5.23***
	匹配后	0.0720	0.0684	1.5	88.0	0.47
办事人员	匹配前	0.0086	0.0051	4.2		1.74*
	匹配后	0.0086	0.0075	1.4	66.7	0.44
商业服务人员	匹配前	0.4581	0.5151	-11.4		-4.51***
	匹配后	0.4589	0.4623	-0.7	93.9	-0.24
生产者	匹配前	0.0026	0.0030	-0.8		-0.30
	匹配后	0.0026	0.0025	0.1	84.7	0.04
其他人员	匹配前	0.0258	0.0209	3.3		1.31
	匹配后	0.0259	0.0265	-0.5	85.9	-0.15

续 表

变量	匹配类型	实验组	对照组	偏误比例(%)	偏误降低比例(%)	两组差异 t 值
东部地区	匹配前	0.634 8	0.652 8	-3.8		-1.48
	匹配后	0.635 5	0.620 7	3.1	17.4	1.05
中部地区	匹配前	0.157 4	0.182 7	-6.7		-2.62***
	匹配后	0.157 3	0.164 6	-2.0	70.8	-0.68

注：*、**、*** 分别表示在 10%、5%、1% 的显著水平下显著。

表 8-8 固定期限劳动合同组和未签订劳动合同组平衡性检验

变量	匹配类型	实验组	对照组	偏误比例(%)	偏误降低比例(%)	两组差异 t 值
倾向分	匹配前	0.734 5	0.530 6	108.6		60.17***
	匹配后	0.732 1	0.728 2	2.1	98.1	1.40
男性	匹配前	0.545 5	0.558 0	-2.5		-1.40
	匹配后	0.544 1	0.544 9	-0.2	93.5	-0.11
已婚	匹配前	0.671 9	0.651 3	4.3		2.44**
	匹配后	0.672 0	0.670 3	0.4	91.5	0.25
学龄前儿童	匹配前	0.311 4	0.280 5	6.8		3.77***
	匹配后	0.311 5	0.291 4	4.4	34.8	2.99***
初中	匹配前	0.507 6	0.585 0	-15.6		-8.71***
	匹配后	0.512 5	0.539 3	-5.4	65.5	-3.65***
高中和中专	匹配前	0.276 2	0.216 1	14.0		7.71***
	匹配后	0.277 3	0.245 5	7.4	47.1	4.93***
大学专科	匹配前	0.096 9	0.042 6	21.4		11.32***
	匹配后	0.094 0	0.086 1	3.1	85.4	1.89*
大学本科及以上	匹配前	0.029 6	0.074 6	16.5		8.43***
	匹配后	0.025 7	0.028 5	-2.1	87.4	-1.17

续　表

变　量	匹配类型	实验组	对照组	偏误比例	偏误降低比例	两组差异 t 值
培训	匹配前	0.241 0	0.167 3	18.4		10.04***
	匹配后	0.236 8	0.219 0	4.4	75.9	2.89***
土地经营者	匹配前	0.002 5	0.007 0	-6.7		-4.07***
	匹配后	0.002 5	0.002 5	0.0	99.7	-0.02
党政机关	匹配前	0.018 2	0.008 7	8.2		4.36***
	匹配后	0.018 4	0.026 0	-6.6	19.8	-3.52***
国有企业	匹配前	0.041 2	0.005 5	23.8		11.87***
	匹配后	0.038 4	0.032 0	4.3	82.0	2.37**
集体企业	匹配前	0.036 0	0.019 2	10.3		5.50***
	匹配后	0.036 4	0.037 6	-0.7	93.0	-0.43
外资企业	匹配前	0.249 6	0.026 9	68.2		34.09***
	匹配后	0.245 5	0.239 0	2.0	97.1	1.03
个体企业	匹配前	0.319 0	0.528 4	-43.3		-24.52***
	匹配后	0.322 2	0.322 4	0.0	99.9	-0.03
其他企业	匹配前	0.006 9	0.040 1	-22.0		-14.04***
	匹配后	0.006 9	0.007 7	-0.1	97.6	-0.65
管理者	匹配前	0.003 0	0.000 4	5.5		2.80***
	匹配后	0.002 6	0.004 6	-4.6	16.0	-2.25**
专业技术人员	匹配前	0.102 6	0.042 4	23.4		12.29***
	匹配后	0.096 6	0.088 3	3.2	86.2	1.96**
办事人员	匹配前	0.013 5	0.005 1	8.8		4.58***
	匹配后	0.013 5	0.019 0	-5.8	33.7	-3.01***
商业服务人员	匹配前	0.270 3	0.515 1	-51.8		-29.54***
	匹配后	0.272 9	0.263 8	1.9	96.3	1.40

续 表

变量	匹配类型	实验组	对照组	偏误比例	偏误降低比例	两组差异 t 值
生产者	匹配前	0.002 2	0.003 0	-1.5		-0.84
	匹配后	0.002 3	0.001 3	2.0	-34.6	1.63
其他人员	匹配前	0.009 9	0.020 9	-8.9		-5.31***
	匹配后	0.010 0	0.009 5	0.4	95.2	0.37
东部地区	匹配前	0.809 0	0.652 8	35.8		20.67***
	匹配后	0.807 7	0.801 3	1.5	95.9	1.10
中部地区	匹配前	0.097 4	0.182 7	-24.8		-14.49***
	匹配后	0.098 3	0.092 7	1.6	93.4	1.30

注：*、**、*** 分别表示在10%、5%、1%的显著水平下显著。

表8-8为固定期限劳动合同组和未签订劳动合同组平衡性检验结果。通过结果可知，匹配处理前，处理组和控制组农民工在已婚、学龄前儿童、受教育程度、培训状况、所在企业所有制类型、职业以及所属地区方面均存在显著差异，两组样本不具有可比性，直接进行处理效应计算将导致较大的计算偏误；经过匹配处理后，50%以上变量的偏误比例降低至2%以下，同时偏误降低比例绝大多数在25%以上，最高达到了99.9%。以上结果意味着倾向得分匹配方法可以降低固定期限和未签订劳动合同组的特征差异，匹配后实验组和对照组相对具有可比性。虽然匹配方法降低了处理组和控制组之间的特征差异，但是匹配后处理组和控制组在受教育程度和培训等人力资本解释变量上仍然存在显著差异，该问题在进行不同受教育程度农民工群体劳动合同溢价分析中得以避免。

第四节 稳健性分析

以下从两个方面检验估计结果的稳健性：一方面从模型的设定上检验

估计结果进行稳健性,即应用分位数处理效应分别估计不同分位点无固定期限和固定期限劳动合同签订对农民工小时劳动报酬的影响;另一方面是采用Rosenbaum(2002)的边界估计方法分析不可观测的异质性有多大时,估计结果会发现显著变化。

一、分位数处理效应估计

前文仅仅从整体上估计了无固定期限劳动合同和固定期限劳动合同对农民工工资和劳动报酬的影响,接下来将在工资和劳动报酬的不同分位点处对劳动合同的收入效应进行分析。限于篇幅,本章仅给出了10~90分位点处的估计结果(见表8-9)。从10~90分位数,无固定期限劳动合同和固定期限劳动合同签订对农民工劳动报酬的增长均有显著的促进作用。更详细地,随着分位数的上升,无固定期限和固定期限劳动合同签订对农民工劳动报酬增长的促进作用逐渐上升,存在"天花板"效应。在10分位数处,签订无固定劳动合同导致农民工小时劳动报酬提高8.95%、工资提高6.47%,固定期限劳动合同导致农民工小时劳动报酬提高18.54%、工资提高13.98%;在90分位数处,签订无固定劳动合同导致农民工小时劳动报酬对数提高20.73%、工资提高6.96%,固定期限劳动合同导致农民工小时劳动报酬提高39.35%、工资提高9.53%。在整个工资分布上,劳动合同对农民工工资的影响没有很大的变动。

表8-9 稳健性检验估计结果

	QTE	0.1	0.2	0.3	0.4	0.5
劳动报酬	无固定期限劳动合同	0.089 5*** (0.020 2)	0.110 4*** (0.015 3)	0.105 4*** (0.014 8)	0.118 5*** (0.015 2)	0.108 4*** (0.015 4)
	固定期限劳动合同	0.185 4*** (0.017 3)	0.207 9*** (0.013 4)	0.230 7*** (0.014 0)	0.276 9*** (0.014 6)	0.279 1*** (0.015 4)

续 表

QTE		0.1	0.2	0.3	0.4	0.5
工 资	无固定期限劳动合同	0.064 7*** (0.020 7)	0.069 0*** (0.015 6)	0.099 0*** (0.013 5)	0.069 0*** (0.014 2)	0.089 6*** (0.014 1)
	固定期限劳动合同	0.139 8*** (0.015 7)	0.141 0*** (0.011 3)	0.150 7*** (0.012 2)	0.157 0*** (0.013 3)	0.131 7*** (0.014 0)
QTE		0.6	0.7	0.8	0.9	
劳动报酬	无固定期限劳动合同	0.129 1*** (0.016 5)	0.133 5*** (0.016 8)	0.162 5*** (0.019 3)	0.207 3*** (0.028 4)	
	固定期限劳动合同	0.313 5*** (0.015 3)	0.338 2*** (0.017 7)	0.354 1*** (0.023 4)	0.393 5*** (0.026 9)	
工 资	无固定期限合同	0.082 2*** (0.014 9)	0.089 6*** (0.165 7)	0.091 6*** (0.018 0)	0.069 6*** (0.022 9)	
	固定期限劳动合同	0.159 8*** (0.014 0)	0.128 0*** (0.017 1)	0.120 7*** (0.018 8)	0.095 3*** (0.026 7)	

注：括号内为标准差，*、**、*** 分别表示在10%、5%、1%的显著水平下显著。

二、Rosenbaum 边界估计结果

Rosenbaum 边界估计方法，是检验当存在影响农民工签订劳动合同选择的无法观测异质性因素时，劳动合同签订对农民工劳动报酬的影响的平均处理效应的一种估计方法。在匹配前，实验组（签订无固定期限劳动合同或者固定期限劳动合同）和对照组（未签订劳动合同）的农民工个体签订劳动合同概率存在一定的差异；经过匹配后，如果不存在不可观测因素导致的农民工劳动合同签订概率的异质性问题，那么实验组和对照组劳动合同签订的倾向分是相同的。如果存在不可观测异质性导致的农

民工劳动合同签订概率的差异,那么经过匹配后处理组和控制组仍然有差异,Rosenbaum 边界估计检验当这种差异微小增加,是否导致估计结果出现显著变化。这里令 $\Gamma=e^{\gamma}$,意味着 $\Gamma=1$ 表示两组劳动合同签订概率是相同的。赋予不同的 Γ 值,Rosenbaum 边界估计可以得到在不同签订劳动合同概率差异上,不同期限劳动合同签订对农民工劳动报酬影响的上下限显著水平、Hodges-Lehmann 估计以及置信区间。如果不可观测异质性显著改变估计结果,意味着倾向分匹配法不适用分析劳动合同签订对农民工劳动报酬影响的问题,必须寻找其他研究方法。表 8-10 和表 8-11 分别给出了无固定期限和固定期限劳动合同签订对农民工劳动报酬影响的 Rosenbaum 边界估计结果。

表 8-10　无固定期限劳动合同对农民工劳动报酬影响的 Rosenbaum 边界估计

Γ	上限显著性水平	下限显著性水平	HL 点估计上限	HL 点估计下限	上限置信区间	下限置信区间
1.0	0.000 0	0.000 0	0.147 3	0.147 3	0.130 8	0.163 9
1.1	0.000 0	0.000 0	0.127 3	0.167 4	0.110 6	0.184 3
1.2	0.000 0	0.000 0	0.109 0	0.186 0	0.092 2	0.203 3
1.3	0.000 0	0.000 0	0.092 1	0.203 4	0.076 0	0.221 1
1.4	0.000 0	0.000 0	0.077 2	0.219 8	0.061 1	0.237 4
1.5	0.000 0	0.000 0	0.063 4	0.234 8	0.047 3	0.252 6
1.6	0.000 0	0.000 0	0.050 6	0.249 0	0.034 3	0.266 9
1.7	0.000 1	0.000 0	0.038 5	0.262 3	0.022 1	0.280 4
1.8	0.003 7	0.000 0	0.027 1	0.274 8	0.010 5	0.293 4
1.9	0.052 5	0.000 0	0.016 3	0.286 8	-0.000 2	0.305 8
2.0	0.268 6	0.000 0	0.006 1	0.298 4	-0.010 2	0.317 4

注:置信区间的显著性水平为 10%。

表 8-11 固定期限劳动合同对农民工劳动报酬
影响的 Rosenbaum 边界估计

Γ	上限显著性水平	下限显著性水平	HL 点估计上限	HL 点估计下限	上限置信区间	下限置信区间
1.0	0.000 0	0.000 0	0.311 6	0.311 6	0.298 9	0.324 3
1.1	0.000 0	0.000 0	0.292 0	0.331 2	0.279 3	0.343 9
1.2	0.000 0	0.000 0	0.274 2	0.349 1	0.261 5	0.362 0
1.3	0.000 0	0.000 0	0.257 8	0.365 7	0.245 1	0.378 6
1.4	0.000 0	0.000 0	0.242 8	0.381 0	0.230 1	0.394 1
1.5	0.000 0	0.000 0	0.228 9	0.395 3	0.216 3	0.408 4
1.6	0.000 0	0.000 0	0.216 0	0.408 6	0.203 3	0.421 8
1.7	0.000 0	0.000 0	0.203 9	0.421 1	0.191 1	0.434 5
1.8	0.000 0	0.000 0	0.192 6	0.433 0	0.179 7	0.446 4
1.9	0.000 0	0.000 0	0.181 8	0.444 2	0.169 0	0.457 7
2.0	0.000 0	0.000 0	0.171 8	0.454 7	0.158 8	0.468 3

注：置信区间的显著性水平为 1%。

从表 8-10 可以看到，当 Γ 等于 2.0 时，上限显著性水平是 26.86%，这意味着在 1.9~2.0 倍由于异质性导致劳动合同签订概率的差异上，无固定期限劳动合同签订对农民工劳动报酬影响的估计结果是不稳健的。但是，不可观测的异质性导致农民工劳动合同签订概率的差异较小时，比如当 Γ<1.9 时，显著性水平都是 1% 以下，而且无固定期限劳动合同签订的影响的置信区间的最小值是大于 0 的，说明无固定期限劳动合同签订对农民工劳动报酬的影响显著为正。因此，不可观测异质性导致的农民工劳动合同签订率的微小改变，不会改变无固定期限劳动合同签订对农民工劳动报酬为正的影响的基本结论。只有当不可观测异质性影响非常大的情况下，无固定期限劳动合同签订的影响才是不确定的。

通过表 8-11 可以发现，即使由于不可观测异质性导致农民工签订固定期限劳动合同概率的差异有两倍以上,固定期限劳动合同签订对农民工小时劳动报酬的影响仍然是正的,显著性水平都在1%以下。

综上,在显著性水平为1%时,签订无固定期限劳动合同和固定期限劳动合同农民工的小时劳动报酬显著高于未签订劳动合同农民工小时劳动报酬。当无法观测的异质性导致农民工劳动合同签订概率发生变化程度较小时,估计结果不会显著性的改变。这意味着倾向得分匹配估计方法是适用的,劳动合同工资和劳动合同溢价是客观存在的。

第五节 本 章 小 结

《劳动合同法》的实施旨在保障劳动力的合法权益,劳动合同的签订不仅增加了劳动力的工作稳定性,同时具有显著的工资效应,由于受教育程度不同的农民工在企业中的位置不同,解雇成本也不相同,因此劳动合同对受教育程度不同的农民工的影响可能不同。本章利用2013年和2014年国家卫生计划生育委员会全国流动人口动态监测调查数据中的8城市融合专项调查数据,意在深入考察劳动合同对不同受教育程度农民工工资及劳动报酬的影响。本章的主要结论和建议如下:

第一,从总体上而言,农民工群体的劳动合同签订率仍然较低,存在着较为严重的工作不稳定性。诚然,导致农民工劳动合同签订率低、工作稳定性差的原因可能是农民工为了保证工作的灵活性而不愿意与用工单位签订劳动合同。但是,中国劳动力市场尤其是对于农民工群体而言,仍然是资方主导的市场,导致农民工劳动合同签订率低更多地是因为用工单位不倾向于与农民工签订劳动合同。因此,相关政府部门应督促用工单位严格遵守《劳动合同法》的相关规定,与农民工签订书面劳动合同,促进农民工稳定就业,保障其合法权益,改善我国农民工"短工化"的局面。

第二，农民工群体的平均人力资本水平偏低，绝大多数的农民工仅为初中水平，较低的教育水平是导致其劳动合同签订率低和劳动报酬水平差的中重要原因。据此，首先，政府有关部门应该不断提升农村的基础教育水平，促使更多的农民工进一步接受高等教育，提高农民工的人力资本存量。其次，有关部门应该大力开展农民工的职业教育，使其向技能型职业流动，降低对农民工的职业歧视。从接受培训的状况看，农民工接受政府培训的比例较小，说明我国的政府培训事业具有广阔的前景，政府部门应该加大对农民工群体的培训力度，提高农民工群体的技能水平；而且，从本章的研究结果可以看出，政府培训的收入效应较小，因此在加大政府培训投入的同时，政府部门应该转换培训方式，提高政府培训的效率，例如政府部门可以与企业展开合作，依据企业的用工需求提供相适应的技能培训，增加农民工的就业机会并提升农民工工资水平，有助于缩小城乡收入差距，加快我国的城镇化进程。

第三，劳动合同签订是提高农民工工资和劳动报酬水平的有效途径，而且随着受教育程度的提高，劳动合同签订对农民工工资和劳动报酬水平的影响越大。一方面，从解雇成本的角度而言，受教育程度较高的农民工工资水平较高，因此企业解雇他们所产生的解雇费用较高，使得劳动合同溢价较高；另一方面，受教育程度较高的农民工，在企业经营中尤为重要，可替代性较低，因此企业从解雇意愿上更加不倾向于解雇受较高教育的农民工，进一步使得劳动合同溢价水平较高。

第四，在全部样本中，10～90分位数，无固定期限和固定期限劳动合同签订对农民工劳动报酬的提高均有显著的促进作用。更详细地，随着分位数的上升，无固定期限和固定期限劳动合同签订对农民工劳动报酬增长的促进作用逐渐上升，存在"天花板"效应。因此，劳动合同签订不仅可以提高农民工整体的劳动报酬，而且还有助于缩小城乡劳动报酬差距。

第九章 结论

依据中国城镇劳动力市场的微观调查数据,本书应用微观经济计量方法研究劳动力市场中劳动合同对农民工劳动报酬的影响,实证研究得出以下结论:

(1)在是否签订劳动合同对农民工劳动报酬影响方面,劳动合同签订有助于显著提升农民工的劳动报酬水平,按照性别进行分组后,发现劳动合同签订对男性农民工劳动报酬影响小于对女性农民工的影响。因此,政府部门应督促用工单位贯彻执行《劳动合同法》,提高农民工劳动合同签订率,这不仅有助于农民工劳动报酬水平的显著提升,并且有助于缓解对女性农民工的性别歧视,同时有利于构建和谐稳定的劳动关系。

(2)在劳动合同期限对农民工的劳动报酬影响方面,长期劳动合同对农民工劳动报酬的促进作用更大,短期劳动合同的促进作用较小。同样,长期和短期劳动合同对女性农民工劳动报酬的提升作用大于男性农民工。劳动合同对农民工劳动报酬水平提高的积极影响,一方面缘于劳动合同有助于农民工工资水平的提升;另一方面缘于劳动合同有助于农民工社会保障享有率的提高。因此,政府部门应督促用工单位严格贯彻执行《劳动合同法》,这会明显提高农民工劳动合同的签订率,有助于农民工工资的增长和社会保障状况的改善,进而有助于农民工劳动报酬水平的提升。

(3)随着工资分布上分位数的上升,劳动合同签订对农民工的劳动报酬获得的提升作用逐渐下降,在90分为点以上劳动合同签订对农民工劳动报酬的影响不显著。因此,一方面,政府部门应通过加强农村基础学校教育、普及高等教育、提高职业培训覆盖率来提升农民工的人力资本水平;另一方面,政府部门应加强对用工单位的监管、提高劳动合同的签订率,尤其是提高低收入农民工的劳动合同签订率,这不仅有助于农民工劳动报酬水平的显著提升,而且有助于农民工内部劳动报酬差距的显著缩小。

(4)随着我国市场化改革的不断推进,农民工劳动合同签订率显著提升,农民工的劳动报酬水平逐步提高,在控制了宏观经济因素的差异后,劳动合同对农民工劳动报酬仍具有显著的提升作用。因此,政府部门应积极推进市场化进程,尤其是提高欠发达地区的市场化水平,加大各地区之间的资源流动,全面提升农民工的劳动合同签订率。更重要的是,政府部门应严格督促用工单位贯彻执行《劳动合同法》,这有助于农民工劳动报酬水平的显著提升。

(5)从性别的角度看,劳动合同签订能够降低性别间工资差异,并且随着我国市场化改革的不断推进,市场化程度不断提高,劳动合同对农民工性别工资差异的降低作用逐步增强。因此,政府有关部门应严格监督用人单位贯彻执行《劳动合同法》,与农民工签订书面劳动合同,提高农民工的就业稳定性的同时提高农民工的工资水平,降低工资性别歧视,重塑和谐稳定的劳资关系。同时,政府部门应不断推荐市场化进程,提高劳动力资源的配置效率,进而提高农民工群体的工资水平,同时缓解针对女性农民工的工资歧视。

(6)固定期限劳动合同的溢价高于无固定期限劳动合同的劳动报酬溢价,更进一步地,受教育程度越高的农民工,劳动合同溢价越高。因此,从雇佣方的角度,政府部门应该加大对私营企业及个体企业的监管力度,督促其与农民工签订劳动合同,严格贯彻《劳动合同法》,促进农民工群体稳定就业,提高农民工群体的劳动报酬水平;从受雇者的角度,政府应大力开展农村的教育和培训事业,提高农民工群体的受教育程度,提升农民工群体的技能水平,促进农民工群体的劳动合同签订,更进一步地提升农民工群体的工资水平及社会保障享有率,整体上缩小城乡收入差距,推进城镇化进程。

近年来,我国农民工的劳动合同签订率仍然较低,尤其是长期劳动合同签订率依旧非常低,劳动合同签订率仍具有很大的提升空间。但是,劳动合同作为劳动力市场制度,对农民工群体的劳动报酬水平的提升作用比较有限,主要仍需提高农民工群体的人力资本水平。首先,政府有关部门应不断提升农村的基础教育水平,促使更多的农民工接受高等教育,提高农民工整体的人力资本存量。其次,有关部门应该大力开展农民工的职业教育,使其向技能型职业流动,降低对农民工的职业歧视。最后,有关部门应该有效开展农民工的培训事业,转换培训方式,提高政府培训的效率,增加农民工的就业机会并提升工资水平。

本文的结论有助于理解城镇劳动力市场中劳动合同对农民工劳动报酬的作用机制,详细了解农民工群体内部劳动报酬差异的来源,认识中国劳动力市场的运行规律,对提升农民工群体的劳动报酬以及调整收入差距等公共政策的设计和评价具有重要的借鉴意义。

参考文献

一、中文部分

[1] 边燕杰,张展新.市场化与收入分配——对1988年和1995年城市住户收入调查的分析[J].中国社会科学,2002,(5):97-111.

[2] 才国伟,刘冬妍.劳动合同对农民工收的影响机制研究——基于内生转换回归模型的实证分析[J].中国社会科学院研究生院学报,2014,(4):54-64.

[3] 蔡昉,王美艳.农村劳动力剩余及其相关事实的重新考察——一个反设事实法的应用[J].中国农村经济,2007,(10):4-12.

[4] 曹永福,宋月萍.城乡、区域二重分割下我国流动人口性别工资差异研究[J].经济与管理评论,2014,(5):5-12.

[5] 陈建宝,段景辉.中国性别工资差异的分位数回归分析[J].数量经济技术经济研究,2009,(10):87-97.

[6] 陈祎,刘阳阳.劳动合同对于进城务工人员收入影响的有效性分析[J].经济学(季刊),2010,9(1):687-712.

[7] 谌新民,袁建海.新生代农民工就业稳定性的工资效应研究——以东莞市为例[J].华南师范大学学报(社会科学版),2012,(5):94-101.

[8] 程名望,史清华,Jin Yan Hong,盖庆恩.市场化、政治身份及其收入效应——来自中国农户的证据[J].管理世界,2016,(3):46-59.

[9] 戴维·罗默.高级宏观经济学[M].北京:商务印书馆,1999.

[10] 邓峰,丁小浩.人力资本、劳动力市场分割与性别收入差距[J].社会学研究,2012,(5):24-46.

[11] 葛玉好,曾湘泉.市场歧视对城镇地区性别工资差距的影响[J].经济研究,2011,(6):46-56.

[12] 郭凤鸣,张世伟.区域经济环境对工资性别差异的影响——基于多层模型的分析途径[J].人口学刊,2013,(4):42-56.

[13] 郭凯明,颜色.劳动力市场性别不平等与反歧视政策研究[J].经济研究,2015,(7):42-56.

[14] 郝大海,李路路.区域差异改革中的国家垄断与收入不平等——基于2003年全国综合社会调查资料[J].中国社会科学,2006,(2):110-124.

[15] 郝君富,文学.市场化程度与社会网络的收入效应——基于农民工数据的实证研究[J].财经研究,2013,(6):119-132.

[16] 何凌霄,张忠根.市场化进程中社会关系强弱对农户收入的影响——基于CFPS的证据[J].经济经纬,2016,(4):44-49.

[17] 贺光烨,吴晓刚.市场化、经济发展与中国城市的性别收入不平等[J].社会学研究,2015,(1):140-165.

[18] 寇恩惠,刘柏惠.城镇化进程中农民工就业稳定性及工资差距——基于分位数回归的分析[J].数量经济技术经济研究,2013,(7):3-19.

[19] 蒯鹏州,张丽丽.农民工性别工资差异及其成因的解释[J].农业经济问题,2016,(6):43-50.

[20] 李春玲,李实.市场竞争还是性别歧视——收入性别差异扩大趋势及其原因解释[J].社会学研究,2008,(2):94-117.

[21] 李丽英,董晓媛.性别工资差异中的企业效应[J].经济研究,2008,(9):122-135.

[22] 李萍,谌新民,谢斌.劳动合同期限对制造业与非制造业部门工资差异

的影响——基于广东省南海区劳动力调查的数据[J].中国工业经济,2014,(4):123-135.

[23] 李群峰.社会关系网络、市场化与收入差距——基于中国农户微观数据的分析[J].云南财经大学学报,2013,(3):134-140.

[24] 李实,宋锦,刘小川.中国城镇职工性别工资差距的演变[J].管理世界,2014,(3):53-65.

[25] 李实,杨修娜.农民工工资的性别差异及其影响因素[J].经济社会体制比较,2010,(5):82-89.

[26] 李小瑛,Richard Freeman.新《劳动合同法》如何影响农民工的劳动权益?[J].劳动经济研究,2014,(3):17-41.

[27] 李仲达,刘璐.企业特征、农民工权利意识与雇佣关系:劳动合同是否带来工资溢价?[J].经济管理,2013,(7):172-182.

[28] 梁吉娜.中国农村转移劳动力工资的性别差异的实证分析[J].内蒙古农业大学学报(社会科学版),2009,11(4):52-55.

[29] 林伟,李龙,宋月萍.劳动合同形式对农民工工资率的影响[J].经济管理,2015,36(11):58-65.

[30] 刘和旺,王宇峰.政治资本的收益随市场化进程增加还是减少[J].经济学(季刊),2010,(3):891-908.

[31] 刘辉,周慧文.农民工劳动合同低签订率问题的实证研究[J].中国劳动关系学院学报,2007,21(3):18-21.

[32] 刘林平,陈小娟.制度合法性压力与劳动合同签订——对珠三角农民工劳动合同的定量研究[J].中山大学学报(社会科学版),2010,50(1):151-160.

[33] 刘林平,张春泥.农民工工资:人力资本、社会资本、企业制度还是社会环境?珠江三角洲农民工工资的决定模型[J].社会学研究,2007,(6):114-137.

[34] 罗俊峰,童玉芬.流动人口就业者工资性别差异及影响因素研究——基于2012年流动人口动态监测数据的经验分析[J].经济经纬,2015,21(1):131-136.

[35] 罗忠勇.农民工及其各职业群体工资性别差异之比较分析——基于珠三角农民工的追踪数据:2006—2008年[J].中国农村经济,2010,(9):59-67.

[36] 孙丽君,李季山,蓝海林.劳动关系和谐性与企业绩效关系实证分析[J].商业时代,2008,(21):34-35.

[37] 孙睿君,李子奈.不同期限类型劳动合同的工资决定机制及差异——基于中国家庭住户收入调查数据的经验研究[J].财经研究,2010,36(2):36-47.

[38] 王芳,周兴.城市外来劳动力的性别收入差距与工资歧视——基于非条件分位数的回归分解方法[J].上海经济研究,2012,(3):15-24.

[39] 王美艳.转轨时期的工资差异:歧视的计量分析[J].数量经济技术经济研究,2006,(5):94-98.

[40] 王美艳.城市劳动力市场上的就业机会与工资差异——外来劳动力就业与报酬分析[J].中国人口科学,2005,(5):36-46.

[41] 王美艳.中国城市劳动力市场上的性别工资差异[J].经济研究,2005,(12):35-44.

[42] 王天夫,崔晓雄.行业是如何影响收入的——基于多层线性模型的分析[J].中国社会科学,2010,(5):165-180.

[43] 王小鲁,樊纲.中国地区差距的变动趋势和影响因素[J].经济研究,2004,(1):33-44.

[44] 王震.基于分位数回归分解的农民工性别工资差异研究[J].世界经济文汇,2010,(4):51-63.

[45] 阎大颖.中国各地区市场化进程差异对收入分配的影响[J].上海财经

大学学报,2007,(5):59-66.

[46] 张丹丹.市场化与性别工资差异研究[J].中国人口科学,2004,(1):32-41.

[47] 张世伟,郭凤鸣.东北地区城市劳动力市场中户籍歧视问题分析[J].中国农村经济,2009,(2):34-45.

[48] 张世伟,郭凤鸣.国有部门和非国有部门中的性别工资差异[J].数量经济技术经济研究,2010,(12):91-102.

[49] 张爽,陆铭,章元.社会资本的作用随市场化进程减弱还是加强?——来自中国农村贫困的实证研究[J].经济学(季刊),2007,(2):539-560.

[50] 张顺,程诚.市场化改革与社会网络资本的收入效应[J].社会学研究,2012,(1):130-152.

[51] 张晓蓓,亓朋.劳动合同类型、性别与工资差异[J].南方人口,2010,25,(1):14-22.

[52] 钟甫宁,徐志刚,栾敬东.经济发达地区外来劳动力的性别差异研究[J].人口与经济,2001,(2):31-37.

[53] 总报告起草组.中国农民工问题研究总报告:国务院研究室课题组《中国农民工调研报告》[R].北京:中国言实出版社,2006.

二、英文部分

[1] Abadie A. Changes in Spanish Labor Income Structure during the 1980's: A Quantile Regression Approach[J]. *Investigaciones Economic*, 1997, 21(2): 253-272.

[2] Abadie A, Drukker D, Herr J, Imbens G. Implementing Matching Estimators for average treatment effects in Stata[J]. *Stata Journal*, 2004, 4(3): 290-311.

参考文献

[3] Adam P. Mothers in an Insider-outsider Econoomy: the Puzzle of Spain[J]. *Journal of Population Economics*, 1996, 9(3): 301-323.

[4] Alba-Ramirez A. Formal Training, Temporary Contracts, Productivity and Wages in Spain[J]. *Oxford Bulletin of Economics and Statistics*, 1991, 56(2): 151-170.

[5] Altonji J, Blank R. *Race and Gender in the Labor Market*[M]. *Hand of Labor Economics*, 3, Elsevier Science, 1999.

[6] Altonji J, Williams N. Do Wages Rise with Job Seniority? A Reassessment[J]. *Industrial & Labor Relations Review*, 2005, 58(3): 370-397.

[7] Alvarado, L. K. A. The Effects of Fixed-term Contracts on Workers in Colombia[J]. *Revista Cuadernos De Economía*, 2014, 33(63): 421-446.

[8] Amuedo-Dorantes C. Work Transitions into and out of Involuntary Employment in a Segmented Market: Evidence from Spain[J]. *Industrial Labor Relations Review*, 2000, 53(2): 309-325.

[9] Amuedo-Dorantes C, Serrano-Padial R. Wage Growth Implications of Fixed-Term Employment: An Analysis by Contract Duration and Job Mobility[J]. *Labour Economics*, 2007, 14(5): 829-847.

[10] Appleton S, Hoddinott J, Krishnan P. The Gender Wage Gap in Three African Countries[J]. *Economic Development and Culture Change*, 1999, 47(2): 289-312.

[11] Arulampalam W, Booth A. Training and Labour Market Flexibility: Is There a Trade-off? [J]. *British Journal of Industrial Relations*, 1998, 36(4): 521-536.

[12] Atkinson, J. *Flexibility, Uncertainty and Manpower Management*

[M]. Brighton: Institute of Manpower Studies, University of Sussex, 1985.

[13] Ayala L, Martinez R, Ruiz-Huerta J. Institutional Determinants of the Unemployment-earnings Inequality Trade-off[J]. *Applied Economics*, 2002, 34(2): 179 – 195.

[14] Becker G. Human Capital[R]. NBER, 1964.

[15] Becker G. Investment in Human Capital: A Theoretical Analysis[J]. *Journal of Political Economy*, 1962, 70(5): 9 – 49.

[16] Becker, G. *The Economics of Discrimination*[M]. Chicago: University of Chicago Press, 1957.

[17] Belot M, Boone J, Ours J. Welfare-Improving Employment Protection[J]. *Economica*, 2007, 74(295): 381 – 396.

[18] Ben Halima M A, Lesueur J Y. Individual Transitions from Temporary to Permanent Job: What Consequences about Wage Diffences in France? [J]. *Social Science Electronic Publishing*, 2007.

[19] Bentolila S, Dolado J. Labor Flexibility and Wages: Lessons from Spain [J]. *Economic Policy*, 1994, 9(18): 53 – 99.

[20] Bentolila S, Saint-Paul G. The Macroeconomic Impact of Flexible Labor Contracts, with an Application to Spain[J]. *European Economic Review*, 1992, 36(5): 1013 – 1047.

[21] Berk R. *Regression Analysis: A Constructive Critique* [M]. Thousand Oaks, CA: Sage, 2004.

[22] Bertola G. Job Security, Employment and Wages[J]. *European Economic Review*, 1990, 34: 851 – 886.

[23] Bhandari A, Heshmati A. Wage Inequality and Job Insecurity among

Permanent and Contract Workers in India: Evidence from Organized Manufacturing Industries[J]. *Ratio Working Papers*, 2006, 7(1): 80-111.

[24] Bishop J, Luo F J, Wang F. Economic Transition, Gender Bias, and the Distribution of Earnings in China[J]. *Economic of Transition*, 2005, 13(2): 239-259.

[25] Bisio G. The Implications of Temporary Jobs on tne Distribution of Wages in Italy: An Unconditional IVQTE Approach[J]. *Labour*, 2014, 28(1): 64-86.

[26] Black S, Brainerd E. Importing Equality? The Impact of Globalization on Gender Discrimination[J]. *ILR Review*, 2004, 57(4): 540-559.

[27] Blanchard O, Landier A. The Perverse Effects of Partial Labour Market Reform: Fixed-term Contracts in France[J]. *The Economic Journal*, 2002, 112: 214-244.

[28] Blien U, Wiedenbeck M, Arminger G. Reconciling Macro and Micro Perspectives by Multilevel Models: An Application to Regional Wage Differences[A]. In: Borg I, Mohler P. *Trends and Perspectives in Empirical Social Research*[C]. New York: De Gruyter, S. 1994: 266-282.

[29] Blinder A. Wage Discrimination: Reduced Form and Structural Estimates[J]. *Journal of Human Resources*, 1973, 8(4): 436-455.

[30] Boeri T, Garibaldi P. Two Tier Reforms of Employment Protection: A Honeymoon Effect? [J]. *The Economic Journal*, 2007, 117(6): F357-F213.

[31] Bonjour D, Gerfin M. The Unequal Distribution of Unequal Pay-an Empirical Analysis of the Gender Wage Gap in Swizerland[J].

Empire Economics, 2001, 26(2): 407 - 427.

[32] Boockmann B, Hagen T. Fixed-term Contracts as Sorting Mechanisms: Evidence from Job Durations in West Germany[J]. *Labour Economics*, 2008, 15(5): 984 - 1005.

[33] Booth A, Francesconi M, Frank J. Temporary Jobs: Stepping Stones or Dead Ends? [J]. *The Economic Journal*, 2002, 112(6): F189 - F213.

[34] Bosio G. Temporary Employment and Wage Gap with Permanent Jobs: Evidence from Quantile Regression[A]. *Mpra Paper*, 2009.

[35] Bourguignon F, Spadaro A. Microsimulation as a Tool for Evaluating Redistribution Policies[J]. *Journal of Economic Inequality*, 2006, 4(1): 77 - 106.

[36] Bover O, Gomez R. Another Look at Unemployment Duration: Exit to a Permanent Job vs. a Temporary Job[J]. *Investigaciones Economicas*, 2004, 28(2): 285 - 314.

[37] Brown S, Sessions J. Earnings, Education, and Fixed-term Contracts [J]. *Scottish Journal of Political Economy*, 2003, 50(4): 492 - 506.

[38] Brown S, Sessions J. Emplyee Attitudes, Earnings and Fixed-term Contracts: International Evidence[J]. *Review of World Economics*, 2005, 141(2): 296 - 317.

[39] Buchinsky M. Changes in the U. S. Wage Structure 1963 - 1987: Application of Quantile Regression[J]. *Econometraica*, 1994, 62(2): 405 - 458.

[40] Buchinsky M. Recent Advances in Quantile Regression Models: A Pratical Guideline for Empirical Research[J]. *Journal of Human Resources*, 1998, 33(1): 88 - 126.

[41] Buchinsky M, Hahn J. An Alternative Estimator for the Censored Quantile Regression Model[J]. *Econometraica*, 1998, 66(3): 653–671.

[42] Bulow J, Summer L. A Theory of Dual Labor Markets with Application Policy, Discrimination, and Keynesian Unemployment[J]. *Journal of Labor Economics*, 1986, 4(3): 376–414.

[43] Burgess J, Connell J. The Influence of Precarious Employment on Career Development[J]. *Education and Training*, 2006, 48(7): 493–507.

[44] Cahuc P, Zylberberg A. 劳动经济学[M]. 上海：上海财经大学出版社, 2007.

[45] Cahuc P, Postel-Vinay F. Temporary Jobs, Employment Protection and Labor Market Performance[J]. *Labour Economics*, 2002, 9(1): 63–91.

[46] Cain G. The Challenge of Segemental Labor Market Theories to Orthodox Theory[J]. *Journal of Economic Literature*, 1976, 14(4): 1215–1257.

[47] Cardoso A. Wage Differentials across Firms: An Application of Multilevel Modelling[J]. *Journal of Applied Econometrics*, 2000, 15(4): 343–354.

[48] Chan A. China's Workers Under Assault: The Exploitation of Labor in a Globalizing Economy[A]. *ME Sharpe*, 2001.

[49] Chi W, Li B. Glass Ceiling or Sticky Floor? Examining the Gender Earnings Differential across the Earnings Distribution in Urban China, 1987–2004[J]. *Journal of Comparative Economics*, 2008, 36(2): 243–263.

[50] Cipollone A, D'Ippoliti C. Discriminating Factors of Women's Employment[J]. *Taylor and Francis Journals*, 2010, 17(11): 1055-1062.

[51] Comi S, Grasseni M. Are Temporary Workers Discriminated Against? Evidence from Europe[J]. *The Manchester School*, 2012, 80(1): 28-40.

[52] Cotton J. On the Decomposition of Wage Differentials[J]. *Review of Economics and Statistics*, 1988, 70(2): 236-243.

[53] Cranford C, Vosko L, Zukewich N. The Gender of Precariousness in the Canadian Labour Force[J]. *Industrial Relations*, 2003, 58: 454-482.

[54] Crump R, Hotz V, Imbens G. Dealing with Limited Overlap in Estimation of Average Treatment Effects[J]. *Biometrika*, 2009, 96(1): 187-199.

[55] Cuesta B. The Probability of Leaving a Low-paid Job in Spain: The Importance of Switching into Permanent Employment[J]. *Revista de Economía Laboral*, 2006, 3(1): 58-86.

[56] Cupta N. Gender, Pay and Development: A Cross-country Analysis [A]. *MPRA Paper*, No. 15311, 2002.

[57] Cuyper N, Witte H. The Impact of Job Insecurity and Contract Type on Attitudes, Well-being and Behavioural Reports: A Psychological Contract Perspective[J]. *Journal of Occupational & Organizational Psychology*, 2006, 79(3): 395-409.

[58] Davia M, Hernanz V. Temporary Employment and Segmentation in the Spanish Labour Market: An Empirical Analysis through the Study of Wage Differentials[J]. *Spanish Economic Review*, 2004, 6(4): 291-318.

[59] De Graaf-Zijl M. Compensation of On-call and Fixed-term Employment: The Role of Uncertainty[J]. *The Manchester School*, 2012, 80 (1): 6–27.

[60] De la Rica S. La penalización salarial de temporalidad: ¿Qué efectos tiene en las decisiones familiares? [Z]. *Propuesta de reactivación laboral. Propuesta para la reactivación laboral en España*. Libro Electró-nico. Fedea, 2006.

[61] De la Rica S. Wage Gaps between Workers with Indefinite and Fixed-term Contracts: The Impact of Firm and Occupational Segregation [J]. *Moneda y crédito*, 2003, 219: 43–69.

[62] De la Rica S, Felgueroso F. *Wage Differentials Between Permanent and Temporary Workers: Further Evidence*[C]. University of País Vasco and University of Oviedo, Mimeno, 1999.

[63] De Witte H, Naswall K. "Objective" vs. "Subjective" Job Insecurity: Consequences of Temporary Work for Job Satisfaction and Organizational Commitment in Four European Countries[J]. *Economic and Industrial Democracy*, 2003, 24: 149–188.

[64] Delgado S, Toharia L. *Las desigualdades en el trabajo*[M]. Mercado de trabajo y desigualdad. Fundación Argentaria, 1993: 7–88.

[65] DiPrete T, Gangl M. Assessing Bias in the Estimation of Causal Effects: Rosenbaum Bounds on Matching Estimators and Instrumental Variables Estimation with Imperfect Instruments[J]. *Sociological Methodology*, 2004, 34(1): 271–310.

[66] Doeringer P, Piore M. *International Labor Markets and Manpower Analysis*[M]. Lexington, MA: Health Lexington Books, 1971.

[67] Doksum K. Empirical Probability Plots and Statistical Inference for

Nonlinear Models in the Two-Sample Case[J]. *Annals of Statistics*, 1974, 2(2): 267-277.

[68] Dolado J, Garcia-Serrano C, Jimeno J. Drawing Lessons from the Boom of Temporary Jobs in Spain[J]. *The Economic Journal*, 2002, 112(480): F270-F295.

[69] Dolado J, Felgueroso F, Jimeno J. Los Problemas del Trabajo Juvenil en Espana: Empleo, Formacion Salarios Minimos[J]. *Ekonomiaz Revista Vasca De Economia*, 1999, 43(43): 136-157.

[70] Dolado J, Garcia-Serrano C, Jimeno J. Drawing Lessions from the Boom of Temporary Jobs in Spain[J]. *The Economic Journal*, 2002, 112(480): 270-295.

[71] Dominique G, Maurin E, Pauchet M. Fixed Term Contracts and the Dynamics of Labour Demand[J]. *European Economic Review*, 2001, 45(3): 533-552.

[72] Elia L. Temporary/Permanent Workers' Wage Gap: A Brand-new Form of Wage Inequality? [J]. *Labour*, 2010, 24(2): 178-200.

[73] Ellingson J, Gruys M, Sackett P. Factors Related to the Satisfaction and Performance of Temporary Employees[J]. *Journal of Applied Psychology*, 1998, 83(6): 913-921.

[74] Engellandt A, Riphahn R. Temporary Contracts and Employee Effort[J]. *Labour Economics*, 2004, 12(3): 281-299.

[75] Farber H. Alternative and Part-time Employment Arrangement as a Response to Job Loss[J]. *Journal of Labor Economics*, 1999, 17(4): 142-169.

[76] Farber H. The Changing Face of Job Loss in the United State, 1981-1995[A]. *Brooking Papers: Microeconomics*, 1997: 55-128.

[77] Feldman D, Doerpinghaus H, Turnley W. Employee Reactions to Temporary Jobs[J]. *Journal of managerial Issues*, 1995, 7(2): 127–141.

[78] Fernández-Kranz D, Paul M, Rodríguez-Planas N. Part-ime Work, Fixed-Term Contracts, and the Returns to Experience[J]. *Oxford Bulletin of Economics & Statistics*, 2015, 77(4): 512–541.

[79] Firpo S. Efficient Semiparametric Estimation of Quantile Treatment Effects[J]. *Econometrica*, 2007, 75(1): 259–276.

[80] Fitzenberger B, Kunze A. Vocation Training and Gender: Wages and Occupational Mobility among Young Workers[J]. *Oxford Review of Economic Policy*, 2005, 21(3): 392–415.

[81] Fitzenberger B, Wunderlich G. Gender Wage Difference in West Germany: A Cohort Analysis[J]. *German Economic Review*, 2002, 3(4): 379–414.

[82] Frölich M, Melly B. Estimation of Quantile Treatment Effects with Stata[J]. *Stata Journal*, 2010, 10(3): 423–457.

[83] Frölich M, Melly B. Unconditional Quantile Treatment Effects under Endogeneity[J]. *Journal of Business and Economic Statistics*, 2013, 31(3): 346–357.

[84] Frölich M. Propensity Score Matching without Conditional Independence Assumption-with an Application to the Gender Wage Gap in the United Kingdom[J]. *Econometrics Journal*, 2007, 10(2): 429–448.

[85] Gagliarducci S. The Dynamic of Repeated Temporary Jobs[J]. *Labour Economics*, 2005, 12(4): 429–448.

[86] Gallagher M. *Introduction to Contagious Capitalism: Globalization and the Politics of Labor in China*[M]. Princeton: Princeton

University Press, 2007.

[87] Garnero A, Giuliano R, Mahy B, Rycx F. Productivity, Wages and Profits among Belgian Firms: Do Fixed-term Contracts Matter? [J]. *International Journal of Manpower*, 2016, 37(2): 303 – 322.

[88] Gash V, Mcginnity F. Fixed-term Contracts-the New European Inequality? Comparing Men and Women in West Germany and France[J]. *Socio-Economic Review*, 2007, 5(3): 467 – 496.

[89] Gebel M. Fixed-term Contracts at Labor Market Entry in West Germany: Implications for Job Search and First Job Quality[J]. *European Sociological Review*, 2009, 25(6): 661 – 675.

[90] Ghinetti P. Temporary Employment, Job Mobility and Wage Growth in Italy[J]. *Social Science Electronic Publishing*, 2013: 175 – 200.

[91] Giesecke J, Groß M. External Labour Market Flexibility and Social Inequality[J]. *European Societies*, 2004, 6(3): 347 – 382.

[92] Giesecke J, Groß M. Temporary Employment: Chance or Risk? [J]. *European Sociological Review*, 2003, 19(2): 161 – 177.

[93] Goerke L, Pannenberg M. Berufliche Weiterbildung "on-the-job" undAuflösung von Beschäftigungsverhältnissen[A]. *Bellmann, L. and Sadowski, D. Beiträge zur Arbeitsmarkt-und Berufsforschung (BeitrAB 295)*[C]. Nürnberg: Institut für Arbeitsmarkt-und Berufsforschung, 2005: 151 – 179.

[94] Gordon D. *Theories of Poverty and Underemployment*[M]. Lexington, Mass: Health, Lexington Books, 1972.

[95] Graaf-Zijl M, Berg G, Heyma A. Stepping Stones for the Unemployed: The Effect of Temporary Jobs on the Duration until (Regular) Work[J]. *Journal of Population Economics*, 2011, 24(1): 107 – 139.

[96] Grout P. Investment and Wages in the Absence of Binding Contracts: A Nash Bargaining Approach[J]. *Econometrica*, 1984, 52(2): 449-460.

[97] Güell M. *Fixed-Term Contracts and Unemployment: An Efficiency Wage Analysis*[Z]. Princeton University IRS Working Paper No. 433, 2001.

[98] Güell M, Petrongolo B. How Binding Are Legal Limits? Transitions from Temporary to Permanent Work in Spain[J]. *Labor Economics*, 2007, 14(2): 153-183.

[99] Gustafsson B, Li S. Economic Transformation and The Gender Earnings Gap in Urban China[J]. *Journal of Population Economics*, 2000, 13(2): 305-329.

[100] Hagen T. Do Temporary Workers Receive Risk Premiums? Assessing the Wage Effects of Fixed-term Contracts in West Germany by a Matching Estimator Compared with Parameter Approaches[J]. *Labour*, 2002, 16(4): 667-705.

[101] Hagen T. Labour Market Effects of Fixed-term Employment Contracts: Microeconometric Analyses for West Germany[J]. *Neuromuscular Disorders Nmd*, 2005, 7(4): 7-261.

[102] Hashimoto M. Firm-Specific Human Capital as a Shared Investment[J]. *American Economic Association*, 1981, 71(3): 475-482.

[103] Heather P, Rick J, Atkinson J, Morris S. Employers Use of Temporary Workers[J]. *Labour Market Trends*, 1996, 104(9): 403-412.

[104] Heckman J, Ichimura H, Todd P. Matching as an Econometric Evaluation Estimator[J]. *Review of Economic Studies*, 1998, 65

(2): 261-294.

[105] Heckman J, Ichimura H, Todd P. Matching as an Econometric Evaluation Estimator: Evidence from Evaluating a Job Training Programme[J]. *Review of Economic Studies*, 1997, 64(4): 605-654.

[106] Heckman J. Sample Selection Bias as a Specification Error[J]. *Economitrica*, 1979, 47(1): 153-162.

[107] Heckman J, Navarro-Lozano S. Using Matching, Instrumental Variables, and Control Functions to Estimate Economic Choice Models[J]. *Review of Economics & Statistics*, 2004, 86(1): 30-57.

[108] Heckman J, Robb R. Alternative Methods for Evaluating the Impact of Interventions: An overview[J]. *Journal of Econometrics*, 1985, 30(1, 2): 239-267.

[109] Heitmueller A. Public-private Sector Pay Differentials in a Develop Scotland[J]. *Journal of Applied Economics*, 2006, 9(11): 295-323.

[110] Horvitz D, Thompson D. A Generalization of Sampling without Replacement from a Finite Universe Universe[J]. *Journal of the American Statistical Association*, 1952, 47: 663-685.

[111] Ichino A, Mealli F, Nannicini T. Temporary Work Agencies in Italy: A Springboard toward Permanent Employment? [J]. *Giornale Degli Economisti E Annali Di Economia*, 2005, 64(1): 1-27.

[112] Jimeno H, Toharia J. The Effects of Fixed-term Employment on Wages: Theory and Evidence from Spain[J]. *Investigaciones Economicas*, 1993,

17(3): 475-494.

[113] Jimeno J, Toahria L. Efforts, Absenteeism and Fixed-term Employment Contracts[J]. *Revista de Economía Aplicada*, 1996, 13(1): 105-119.

[114] Josephs H. *Labor Law in China*[M]. Yonkers: Juris Publishing, Inc, 2003.

[115] Kahn L. The Structure of the Permanent Job Wage Premium: Evidence from Europe[J]. *Industrial Relations: A Journal of Economy & Society*, 2016, 55(1): 149-178.

[116] Kalleberg A, Sorensen A. The Sociology of Labor Markets[J]. *Annual Review of Sociology*, 1979, 5: 351-379.

[117] Kesler C, Hout M. Entrepreneurship and Immigrant Wages in US Labor Markets: A Multi-level Approach[J]. *Social Science Research*, 2010, 39(2): 187-201.

[118] Koenker R, Bassett G. Regression Quantiles[J]. *Econometrica*, 1978, 46(1): 33-50.

[119] Kurz K, Steinhage N. Globaler Wettbewerb und Unsicherheiten beim Einstieg in den Arbeitsmarkt[J]. *Berliner Journal Für Soziologie*, 2001, 11(4): 513-531.

[120] Lang K, Lehmann J. Racial Discrimination in the Labor Market: Theory and Empirics[J]. *Journal of Economic Literature*, 2012, 50(4): 959-1006.

[121] Lee C. *Against the Law: Labor Protests in China's Rustbelt and Sunbelt*[M]. Berkeley: University of California Press, 2007.

[122] Lehmann E. *Nonparametrics: Statistical Methods Based on Ranks*[M]. San Francisco: Holden-Day, 1974.

[123] Lim U, Choi Y, Lee H. Occupational Skills and the Gender Wage

Gap in Seoul Korea: A Muitilevel Approach[J]. *The Annals of Regional Science*, 2015, 55: 335-356.

[124] Lindbeck A, Snower D. Wage Setting, Unemployment and Insider-Outsider Relations[J]. *American Economic Review*, 1986, 76(2): 235-239.

[125] Lindbeck A, Snower D. Efficiency Wages versus Insiders and Outsiders [J]. *European Economic Review*, 1987b, 31(1-2): 407-416.

[126] Liu Y, Xu W, Chen J, Wang G. Market Expansion, State Intervention and Wage Differentials between Economic Sectors in Urban China: A Multilevel Analysis[J]. *Urban Studies*, 2016: 1-20.

[127] Liu Z. Q. Earning, Education and Economic Reforms to Urban China[J]. *Economic Development and Culture Change*, 1998, 46(4): 697-725.

[128] Liu P W, Meng X, Zhang J. Sectional Gender Wage Differentials and Discrimination in the Transitional Chinese Economy [J]. *Journal of Population Economics*, 2000, 13(2): 331-352.

[129] Loh E. Employment Probation as a Sorting Mechanism [J]. *Industrial and Labor Relations Review*, 1994, 47(3): 471-486.

[130] Machado J, Mata J. Counterfactual Decompositions of Changes in Wage Distributions Using Quantile Regression[J]. *Journal of Applied Econometrics*, 2005, 20(4): 445-465.

[131] Maddala G. *Limited-Dependent and Qualitative Variables in Econometrics* [M]. Cambridge: Cambridge University Press, 1983.

[132] Maurer-Fazio M, Hughes J. The Effects of Market Liberalization on the Relative Earnings of Chinese Women[J]. *Journal of Comparative*

Economics, 2002, 30(4): 709-731.

[133] Mcginnity F, Mertens A, Gundert S. A Bad Start? Fixed-Term Contracts and the Transition from Education to Work in West Germany [J]. *European Sociological Review*, 2005, 21 (4): 359-374.

[134] Melly B. Decomposition of Differences in Distribution Using Quantile Regression[J]. *Labour Economics*, 2005, 12(4): 577-590.

[135] Meng X. Male-female Wage Determination and Gender Wage Discrimination in China's Rural Industrial Sector [J]. *Labor Economics*, 1998, (5): 67-89.

[136] Mertens A, Gash V, McGinnity F. The Cost of Flexibility at the Margin. Comparing the Wage Penalty for Fixed-term Contracts in Germany and Spain using Quantile Regression[J]. *Labour*, 2007, 21(4/5): 637-666.

[137] Mertens A, McGinnity F Wages and Wage Growth of Fixed-term Workers in East and West Germany[J]. *Applied Economics Quarterly*, 2004, 50(2): 139-163.

[138] Mertens, A, Mcginnity F. A "Two-Tier" Labour Market for Fixed-Term Jobs? Evaluating Evidence from West Germany Using Quantile Regression[J]. *Schmollers Jahrbuch: Journal of Applied Social Science Studies/Zeitschrift für Wirtschafts- und Sozialwissenschaften*, 2005, 125(1): 75-85.

[139] Meyer B. Natural and Quasi-Experience in Economics[J]. *Journal of Business and Economic Statistics*, 1995, 13(2): 151-161.

[140] Mincer J. *Schooling, Experience and Earning* [M]. New York:

Columbia University Press, 1974.

[141] Nannicini T. The Determinants of Contract Length in Temporary Help Emlpoyment[J]. *Labour*, 2006, 20(3): 453-474.

[142] Nee V. The Emergence of a Market Society: Changing Mechanisms of Stratification in China[J]. *American Journal of Sociology*, 1996, 101(4): 908-949.

[143] Neuman S, Oaxaca R. Wage Decompositions with Selectivity-Corrected Wage Equations: A Methodological Note[J]. *Journal of Economic Inequality*, 2004, 2(1): 3-10.

[144] Neumark D, Wascher W. *Minimum wages*[M]. MIT Press, 2008.

[145] Neumark D. Employers' Discriminatory Behavior and the Estimation of Wage Discrimination[J]. *Journal of Human Resources*, 1988, 23(3): 279-295.

[146] Newell A, Reily B. The Gender Pay Gap in the Transition from Communism: Some Empirical Evidence[J]. *Economic System*, 2001, 25(4): 287-304.

[147] Oaxaca R. Male-female Wage Differentials in Urban Labor Markets [J]. *International Economic Review*, 1973, 14(3): 693-709.

[148] Oaxaca R, Ransom M. On Discrimination and the Decomposition of Wage Differentials[J]. *Journal of Econometrics*, 1994, 61(1): 5-22.

[149] OECD. Employment Protection Regulation and Labour Market Performance[C]. *Employment Outlook*, Paris: OECD, 2004.

[150] OECD. Women at Work: Who Are They and How Are They Faring?[C]. *Employment Outlook*, Paris: OECD, 2002.

[151] Osterman P. *Internal Labour Markets*[M]. Cambridge, Mass: MIT

Press, 1984.

[152] Paul M, Fernandezkranz D, Rodriguezplanas N. The Wage Effects of Fixed-term Contract Employment Revisited: an Investigation Based on Social Security Records[J]. *Núria Rodriguez-Planas*, 2014.

[153] Paull G. *Low Pay and Wage Growth in Britain: The Returns to Experience and Tenure*[A]. Institute for Fiscal Studies, Mimeo, 1997.

[154] Pavlopoulos D. Starting Your Career With a Fixed-Term Job: Stepping-Stone or "Dead End"? [J]. *Review of Social Economy*, 2013, 71(4): 474-501.

[155] Pfeifer C. Fixed-term Contracts and Wages Revisited Using Linked Employer-employee Data[J]. *Journal for Labour Market Research*, 2012, 45(2): 171-183.

[156] Picchio M. Temporary Contracts and Transitions to Stable Jobs in Italy[J]. *Labour*, 2008, 22(s1): 147-174.

[157] Picchio M. Wage Differentials between Temporary and Permanent Workers in Italy[Z]. *Working Papers257, Universtia' Politecnica delle Marche(I), Dipartimento di Economia*, 2006.

[158] Piore J. The Dual Labor Market: Theory and Implications[A]. *Problems in Political Economy: An Urban Perspective* [C]. Lexington, MA: D. C. Health and Co., 1971.

[159] Plasman R, Rusinek M, Rycx F. Union Wage Gaps in Multilevel Industrial Relations System[R]. *International Conference-Applied Econometrics Association-Mons* (B), 2004.

[160] Polavieja J. *Insiders and Outsiders: Structure and Consciousness*

Effects of Labour Market Deregulation in Spain (1984 – 1997) [M]. Madrid: Ediciones Peninsular, 2001.

[161] Raudenbush S, Bryk A. *Hierarchical Linear Models, Application and Data Analysis Methods*[M]. Sage, 2002.

[162] Rebitzer J., Taylor L. A Model of Dual Labor Markets when Product Demand is Uncertain[J]. *Quarterly Journal of Economics*, 1991, 106(4): 1374 – 1383.

[163] Rosen S. *The theory of equalizing differences*[M]. Handbook of Labor Economics. Amsterdam: North Holland, 1986: 641 – 692.

[164] Rosenbaum P, Rubin D. The Central Role of the Propensity Score in Observational Studies for Causal Effects[J]. *Biomatika*, 1983, 70 (1): 41 – 55.

[165] Rosenbaum P. *Observational Studies*[A]. New York: Springer, 2002b.

[166] Rosenbaum P. Sensitivity Analysis in Observation Studies[A]. In B. S. Everitt & D. C. Howell, *Encyclopedia of Statistics in Behavioral Science*[C]. New York: Wiley, 2005: 1809 – 1814.

[167] Rosenbaum P, Rubin D. Constricting a Control Group Using Multivariate Matched Sampling Methods that Incorporate the Propensity Score[J]. *The American Statistician*, 1985, 39: 33 – 38.

[168] Rubin D. Estimating Causal Effects of Treatments in Randomized and Nonrandomized Studies [J]. *Journal of Educational Psychology*, 1974, 66(5): 688 – 701.

[169] Rudolph H. *Arbeitsmarktpolitik. Befristete Arbeitsverträge sind bald neuzu regeln*[C]. IAB Kurzbericht, 12, Nürnberg: Institut für Arbeitsmarkt-und Berufsforschung, 2000.

[170] Ruiz A. Wage Inequality of Immigrants by Type of Contract in Spain [J]. *International Journal of Manpower*, 2014, 35(6): 817-833.

[171] Saint-Paul G. On the Political Economy of Labor Market Flexibility [A]. *NBER Macroeconomics Annual*, 1996, 8(8): 96-151.

[172] Saint-Paul G. The Political Economy of Employment Protection[J]. *Journal of Political Economy*, 2002, 110(3): 672-704.

[173] Saint-Paul G. *The Political Economy of Labour Market Institutions* [M]. Oxford: Oxford University Press, 2000.

[174] Saint-Paul G. Why Are European Countries Diverging in Their Unemployment Experience? [J]. *Journal of Economic Perspectives*, 2004, 18(4): 49-68.

[175] Schelling T. *Micromotives and Macrobehavior* [M]. New York: W. W. Norton & Company, 1978.

[176] Scherer S. Stepping-stones or Traps? TheConsequences of Labour Market Entry Positions on Future Careers in West Germany, Great Britain and Italy[J]. *Work Employment & Society*, 2004, 18(2): 369-394.

[177] Schömann K, Hilbert C. The Youth Labor Market in Germany: A New Target Group for German Labor Market Policies? [J]. *DIW Viertelijahrshefte zur Wirtschaftsforschung*, 1998, 67: 272-285.

[178] Schömann K, Kruppe T. Fixed-term Contracts and Labour Market Flexibility in the European Union[A]. *Disscussion Paper FS I*, 1993: 95-207.

[179] Schömann K, Kruppe T. Who Enters Fixed-term Contracts: Evidence from East and West Germany[J]. *Vierteljahrshefte Zur Wirtschaftsforschung*, 1994, 63(1-2): 69-74.

[180] Schömann K, Rogowski R, Kruppe T. *Labour Market Efficiency in the European Union: Employment Protection and Fixed-term Contracts*[M]. Routledge Research Studies in the European economy, London: Routledge, 1998.

[181] Segura J, Duran L, Toharia, Bentolila S. Analisis de la Contratacion Temporal en Espanta. Centro de Publicaciones[J]. *Ministerio de Trabajo y Seguridad Social*, 1991.

[182] Shapiro C, Stiglitz J. Equilibrium Unemployment as a Worker Discipline Device[J]. *American Economic Review*, 1984, 74(3): 433-444.

[183] Siebern-Thomas F. *Job Quality in European Labour Markets*[M]. Job Quality and Employer Behaviour. Palgrave Macmillan UK, 2005.

[184] Smith B, Brecher J, Costello T. *An Emerging Chinese Labor Movement*[M]. New Labor Forum, 2007, 16(1): 82-85.

[185] Spence M. Job Market Signaling[J]. *The Quarterly Journal of Economics*, 1973, 87(3): 355-374.

[186] Stancanelli E. Do Temporary Jobs Pay? Wages and Career Perspectives of Temporary Workers[Z]. Mimeo, Tilburg, 2002.

[187] Stiglitz J. Information and Economic Analysis: A Perspective[J]. *The Economic Journal*, 1985, 95(380a): 21-41.

[188] Toharia L, Malo M. *The Spainish Experiment: Pros and Cons of Flexibility at the Margin*[M]. Andersen, E. (ed.) Why Deregulate Labour Market? Oxford University, 1999.

[189] Tribó J. An Analysis of the Length of Labour and Financial Contracts: A Study for Spain[J]. *Applied Economics*, 2005, 37

(8): 905 - 916.

[190] Tunali I. A General Structure for Models of Double-Selection and an Application to a Joint Migration/Earnings Process with Remigration [J]. *Research in Labor Economics*, 1986, 8(B): 235 - 283.

[191] Vanderploeg R, Curtiss G, Luis C, Salazar A. Equal Job Unequal Pay. Fixed Term Contracts and Wage Differentials in the Italian Labor Market[J]. *Stato E Mercato*, 2010, 14(3): 471 - 504.

[192] Wang R, Wesis A. Probation, Layoffs, and Wage-Tenure Profiles: A Sorting Explanation[J]. *Labour Economics*, 1998, 5(3): 471 - 486.

[193] Wasmer E. Interpreting Europe and US Labor Markets Differences: the Specificity of Human Capital Investments[A]. *CEPR Discussion Paper*, No. 3780, 2004.

[194] Weiss Y, Gronau R. Expected Interruptions in Labour Force Participation and Sex-related Differences in Earnings Growth[J]. *Review of Economic Studies*, 1981, 48(4): 607 - 619.

[195] Williamson O. *Markets and Hierarchies, Analysis and Antitrust Implications: A Study of the Economics of Internal Organization* [M]. New York: Free Press, 1975.

[196] Xie Y, Hannum E. Regional Variation in Earnings Inequality in Reform-era Urban China[J]. *American Journal of Sociology*, 1996, 101(4): 950 - 992.

[197] Ying C. N. Economic Development, Human Capital, and Gender Earnings Differentials in China [J]. *Economics of Education Review*, 2004, 23(6): 587 - 603.

[198] Zheng Y L. It's Not What is on Paper, But What Is in Practice:

China's New Labor Contract Law and the Enforcement Problem[J]. *Washington University Global Studies Law Review*,2009,8(3):596-617.

图书在版编目(CIP)数据

劳动合同对农民工劳动报酬影响的经验研究 / 张娟著. —上海：上海社会科学院出版社，2021
 ISBN 978-7-5520-3675-6

Ⅰ.①劳… Ⅱ.①张… Ⅲ.①民工—劳动报酬—研究—中国 ②劳动合同法—研究—中国　Ⅳ.①F249.24 ②D922.524

中国版本图书馆 CIP 数据核字(2021)第 172338 号

劳动合同对农民工劳动报酬影响的经验研究

著　者：	张　娟
责任编辑：	熊　艳
封面设计：	黄婧昉
出版发行：	上海社会科学院出版社
	上海顺昌路 622 号　邮编 200025
	电话总机 021-63315947　销售热线 021-53063735
	http://www.sassp.cn　E-mail:sassp@sassp.cn
排　　版：	南京展望文化发展有限公司
印　　刷：	上海龙腾印务有限公司
开　　本：	710 毫米×1010 毫米　1/16
印　　张：	14.5
字　　数：	193 千
版　　次：	2021 年 9 月第 1 版　2021 年 9 月第 1 次印刷

ISBN 978-7-5520-3675-6/F.680　　　　　　定价：78.00 元

版权所有　翻印必究